palabras para sanar

Otros títulos de rupi kaur:

otras maneras de usar la boca
el sol y sus flores
todo lo que necesito existe ya en mí

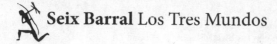

Seix Barral Los Tres Mundos

rupi kaur
palabras para sanar

Traducción del inglés por
Elvira Sastre

Obra editada en colaboración con Editorial Planeta – España

Título original: *Healing Through Words*

© 2022, rupi kaur

Publicado de acuerdo con Andrews McMeel Publishing, una división de Andrews McMeel Universal a través de International Editors y Yáñez Co' S.L.

© 2023, Traducción: Elvira Sastre

© 2023, Editorial Planeta S.A. – Barcelona, España

Derechos reservados

© 2023, Editorial Planeta Mexicana, S.A. de C.V.
Bajo el sello editorial SEIX BARRAL M.R.
Avenida Presidente Masarik núm. 111,
Piso 2, Polanco V Sección, Miguel Hidalgo
C.P. 11560, Ciudad de México
www.planetadelibros.com.mx

Ilustraciones del interior y la portada: rupi kaur

Primera edición impresa en España: febrero de 2023
ISBN: 978-84-322-4169-7

Primera edición en formato epub en México: marzo de 2023
ISBN: 978-607-07-9804-7

Primera edición impresa en México: marzo de 2023
Primera reimpresión en México: julio de 2023
ISBN: 978-607-07-9771-2

Impreso en los talleres de Litográfica Ingramex, S.A. de C.V.
Centeno núm. 162-1, colonia Granjas Esmeralda, Ciudad de México
Impreso en México –*Printed in Mexico*

palabras para sanar

Ejercicios de escritura guiada creados por rupi kaur
para inspirar la creatividad y la sanación

ESTE LIBRO PERTENECE A:

rupikaur.com

POESÍA

La poesía es el lenguaje de la emoción humana. Es aire y fuego y agua y tierra. La poesía es el oxígeno de nuestros pulmones. Los suspiros. El tartamudeo. La poesía es la primera vez que te enamoras. Y te rompe. La poesía es el hambre. Las palabras que cuelgan del espacio que hay entre dos bocas, justo antes de besarse. El entusiasmo. La poesía es cuando tu estómago está tan lleno de mariposas que se cae a tus pies. La poesía es la luz con la que te alejas cuando superas algo doloroso. Son conversaciones largas frente al mar. La poesía es la primera nevada del invierno. El olor de las galletas en el horno. La poesía es sexo. Euforia. Cómo nos peleamos y nos reconciliamos. El viaje. La historia. Correr y reír. Reír y correr. La poesía es la fuerza de una persona y el eco de miles de millones. Nuestra supervivencia es poesía. Nuestras vidas son poesía. Y el acto final es escribirla.

¿QUIÉN PUEDE CREAR?

¿Quieres saber qué me pone triste? Cuando alguien me dice que no tiene creatividad.

Cómo es posible que hayamos convencido a millones de personas de que la creatividad es una habilidad que únicamente está al alcance de una minoría cuando la verdad es que la humanidad es imaginativa por naturaleza, y es nuestra imaginación la que nos ha ayudado a sobrevivir durante cientos de miles de años. Nuestra creatividad colectiva se pone en marcha cuando nos unimos para pensar y resolver problemas.

En la infancia, hacíamos garabatos, coloreábamos y escribíamos en cuadernos. A esa edad tan temprana, no veíamos la «creatividad» como una habilidad; la veíamos como algo que hacíamos junto a docenas de cosas más. Esa ingenuidad y despreocupación nos permitía crear libremente asumiendo todos los riesgos. Jugábamos y explorábamos por el placer de jugar y explorar. Estábamos ahí. Nos divertíamos.

Pero entonces, al hacernos mayores, dejamos de dibujar tanto. En secundaria, nuestros diarios empezaron a acumular polvo. En la preparatoria, la mayoría dejamos de escribir y de dibujar. ¿Cómo no hacerlo? El peso de las responsabilidades aumentaba cada año. Había que gestionar horarios repletos de actividades escolares y extraescolares, no nos quedaba energía para hacer nada más.

No es de extrañar que, en la vida adulta, nuestra respuesta a la hora de probar cosas nuevas sea: «No puedo, me falta creatividad». A menudo, es otra manera de decir: «Me da miedo intentarlo porque no voy a hacerlo bien, y si no lo hago bien pareceré idiota». Nos alejamos de aquellas experiencias que no nos van a dejar bien al primer intento.

¿Dónde está la libertad en todo eso? ¿Y el descubrimiento? Todos tenemos une niñe interior que quiere que le escuchen, quieran y sanen. Debemos dejar que salga y juegue. La creatividad va más allá de los lienzos y los diarios. El baile es creativo. Limpiar, escribir una redacción, inventar una excusa para no ir a la cena de Acción de Gracias de este año es un acto creativo. Así como organizar tu armario, cocinar, cuidar el jardín y perderse en una biblioteca. Todo el mundo puede crear de la manera que quiera.

¿A QUIÉN VA DIRIGIDO ESTE LIBRO?

palabras para sanar va dirigido a todas las personas que quieran sentirse más conectadas consigo mismas. Es un conjunto de ejercicios de escritura guiados que están pensados para ayudarte a analizar el trauma, la tristeza, el amor y la sanación y, de este modo, entrar de lleno en tu mundo interior. Los ejercicios requieren que te abras a tu vulnerabilidad. No es necesario tener una experiencia de escritura previa para completarlos.

ESCRITURA AUTOMÁTICA

Escribo porque no sé lo que pienso hasta que lo pongo por escrito y lo leo.

Flannery O'Connor

Retomé la escritura en un momento complicado de mi vida. Programaba un temporizador, ponía mi pluma sobre el papel y escribía lo primero que me pasaba por la cabeza. Abría el corazón en mi diario y me tranquilizaba. Esa forma de escritura me ayudó a comenzar mi viaje hacia la sanación.

Todos los ejercicios de este libro son de escritura automática. La escritura automática, a la que a menudo nos referimos como «monólogo interior», es una forma de escucha profunda en la que dejas que tus pensamientos fluyan sobre el papel en tiempo real. No importa la calidad de la escritura. El único propósito es escribir sin miedo. Como es escritura automática, no borres ni taches nada. No le des vueltas. Solo continúa escribiendo hasta que sientas que ya lo has dicho todo.

CÓMO EMPECÉ A ESCRIBIR

Mi viaje con la poesía comenzó en la preparatoria, cuando empecé a recitar en las noches de micrófono abierto.

La sensación de estar en un escenario con un micrófono fue increíblemente mágica. Por primera vez en mi vida, sentí que estaba viva y que merecía que me escucharan. Escribía poemas que duraban cuatro o cinco minutos y los recitaba en sótanos, centros sociales y en cualquier local que me abriera sus puertas.

Siempre digo que me llevó veintiún años escribir mi primer libro, *otras maneras de usar la boca*. El primer proyecto artístico al que das a luz es así. Es una suma de todos los años que has vivido antes de ello. *otras maneras de usar la boca* no fue algo que escribí: fue algo que me *sucedió*. Una experiencia sensorial completa. Hasta el día de hoy, la escritura me recuerda una de las experiencias más catárticas de mi vida. A veces, cierro los ojos y recuerdo aquellos años. Vuelvo a 2010. 2011. 2012. 2013. 2014. Cuán vulnerable era a la hora de recibir algo. De darlo. De sentirlo. Estaba herida. En carne viva. Sangraba. Recuerdo cómo, por primera vez, me enfrenté al abuso que mi cuerpo había sufrido. Ocupé el lugar que me correspondía con una seguridad que asustó a los hombres a mi alrededor. No les gustaba cómo hablaba abiertamente del abuso sexual en los escenarios. A pesar de ello, continué en este oficio porque no era mi labor ayudar a que los hombres se sintieran cómodos. Estaba ahí para algo más. Por suerte, conté con un grupo de mujeres poderosas que me ayudó durante los momentos más oscuros. Sin ellas, no estaría aquí. Me dieron un espacio para escribir y un lugar para compartirlo.

MI ESTILO

Me gusta pensar que escribo dos tipos de poesía. Por una parte, está la **poesía recitada**, que es poesía que cobra vida en el escenario. Suele ser más larga y está escrita para ser recitada. La poesía recitada teje una historia y transporta a quienes la escuchan a un universo nuevo. Para mí, escribir poesía recitada es como escribir música. Y recitarla en un escenario es tocar esa música en vivo.

Cada poema sale de mí en forma de latidos y sílabas, con una melodía y un ritmo propios y únicos. Creo que esto sucede porque crecí escuchando poesía punjabi, y en la cultura punjabi la poesía es una tradición oral. Uno de los recuerdos favoritos de mi infancia es cuando veía a las mujeres de mi comunidad juntarse en círculos para hacer el *giddha* (un baile popular propio de las mujeres de la región del Punjab). Mientras danzaban el *giddha*, cantaban *boliyan* (pareados). Reunirse para hacer el *giddha* era una de las pocas oportunidades en la que las mujeres podían juntarse con otras mujeres sin que hubiera hombres alrededor. Se soltaban el cabello, bailaban, se reían y disfrutaban. Hacían turnos para improvisar algunos de los versos más divertidos que he oído nunca, en los que se burlaban de sus suegras controladoras, hablaban mal de sus vecinos, sus hermanos, de ellas mismas. Cantaban *boliyan* llenos de bromas sexuales con los que te morías de risa. En ese espacio seguro, todo y todas jugaban limpio. Así es como las mujeres se desahogaban antes de volver a lo que a menudo eran vidas complicadas.

Así que, ya ves, para mí la poesía siempre ha sido algo escrito para ser recitado. Consiste en la sanación y en ser accesible para toda la comunidad. El segundo tipo de poesía que escribo es aquella a la que me refiero como **poesía en papel**, que es poesía que cobra vida sobre el papel. Creo que esta poesía tiene un mayor impacto cuando la leemos en soledad. La manera en la que el poema queda visualmente en la página es importante a la hora de que quien lee lo sienta de una manera u otra. Cada elemento tiene una intención. La puntuación que se utiliza o no está elegida para dar al poema un ritmo particular. El salto de línea es deliberado. Me gusta cortar los versos en lugares donde la melodía se queda sostenida, ahí donde quiero enfatizar una palabra en particular.

Aunque la poesía en papel puede mostrarse con varias longitudes y estilos, me gusta experimentar con poemas concisos y cortos. Intento usar palabras que caigan en el corazón de quien lee igual que la gravedad.

Cuando te han roto el corazón o has experimentado algo traumático, la realidad no se muestra poco a poco, sino que te perfora como una bala, con rapidez y dureza. Quiero que mi poesía en papel haga lo mismo, por eso es tan directa. Mi intención es que sea un golpe fuerte y rápido, como esa bala metafórica. Cada palabra que empleo juega un papel importante. Durante el proceso de edición, suprimo todas las palabras que no tengan un propósito. No quiero que haya sueltas palabras innecesarias.

Comparto esto contigo para que veas cómo escribo y por qué. No tienes que hacerlo de la misma manera. Lo que necesitas es escribir de tal modo que sientas que vives de verdad y que pueden verte. En este libro vamos a experimentar con poemas largos y cortos.

CONSEJOS (ANTES DE QUE EMPIECES)

1) Todos los ejercicios de este libro son de escritura automática, lo que significa que vas a hacer todo lo posible para escribir lo primero que te venga a la mente: no lo edites ni lo borres ni te censures. No importa si lo que escribes no tiene sentido. Lo único que importa es que renuncies al control y dejes que tu subconsciente tome las riendas.

2) Los ejercicios están divididos en capítulos. Lo ideal sería que completaras el libro desde el principio hasta el final. Pero no tienes por qué hacerlo así. Siéntete libre de hacer los ejercicios tal y como tú quieras.

3) Para la mayoría de los ejercicios, doy indicaciones para estimular la creatividad. Una indicación puede ser una pregunta que te hago para que la respondas, o una palabra o una frase que pueden servir como comienzo de tu poema.

4) Para algunos ejercicios, te pido que cierres los ojos y respires profundamente varias veces antes de empezar a escribir. No te saltes la parte de respirar. ¡Hazlo! Te ayudará a relajarte, lo que despertará tu creatividad.

5) No es necesario que seas novelista o poeta para disfrutar por completo de esta experiencia. Solo tienes que escribir: eso es todo.

6) Para facilitar las directrices, me referiré a lo que escribas como «poemas» o «textos». Esto no es más que una etiqueta instructiva; puede significar lo que tú quieras.

7) La poesía es mucho más que lo que te enseñaron en la escuela. Te aseguro que cualquiera puede escribir un poema. Tus poemas no tienen que rimar o ser un conjunto de estrofas. Cuando te pido que escribas un poema, lo que quiero es que seas vulnerable y expreses emociones intensas. En este diario, eso puede significar diez palabras o cien. Puedes escribir estrofas o párrafos. Pueden rimar o no. La única norma a la hora de escribir un poema aquí es que te permitas hacerlo con libertad.

8) Si hay un ejercicio que se te atraganta, sáltatelo. No vale
la pena hacerlo. Siempre puedes volver a él en otro momento.

9) Para algunos ejercicios, te recomiendo que programes un
temporizador. El temporizador está pensado para servirte de
guía y apoyo en esta experiencia. Sin embargo, que no te limite.
No pasa nada si tardas más o menos tiempo.

10) Si necesitas más espacio para completar los ejercicios, siéntete
libre de terminarlos en tu cuaderno personal.

11) El capítulo uno, «el daño», es sobre el trauma. Es, emocionalmente,
el más duro de los cuatro. Respira mientras lo completas.
Puede que los ejercicios de quince minutos te agoten. Es
totalmente normal. Hablar sobre el trauma supone un gran
gasto de energía, así que cuídate. Ve a un ritmo pausado y sano.

12) No deberías sentir que estos ejercicios son un trabajo: deberías
sentirlos como una exhalación. Suéltalo y deja que las palabras
fluyan.

si hubiera sabido a
qué se parece la seguridad
habría perdido menos
tiempo cayendo en
brazos que no me la daban

otras maneras de usar la boca, p. 25

capítulo uno

el daño

Fue la experiencia del abuso físico y sexual lo que me llevó a escribir por primera vez. Esa violencia particular se arraigó dentro de mí y me silenció. Sentí que perdía la voz y que no era capaz de decirle a nadie a qué me refería con «cosas malas».

Después, cuando cumplí dieciocho años, fui a ver a un psicólogo nuevo en la escuela. En la primera sesión me enseñó la palabra *trauma*. Se me clavó dentro como un cuchillo. *Trauma*. Así es como el psicólogo llamó a mis «cosas malas». Recuerdo estar sentada en silencio en ese sofá de cuero tan incómodo, sin saber muy bien qué decir porque la gente normal como yo no había experimentado ningún trauma. *Trauma* sonaba como una palabra que se usa para describir accidentes de coche en los que casi se pierde la vida o los horrores que sufren los soldados en las guerras.

En nuestra segunda sesión, el psicólogo dijo que podía estar sufriendo TEPT (trastorno de estrés postraumático). Recuerdo intentar con todas mis fuerzas no poner los ojos en blanco. Cuando terminó la sesión, salí de allí y no volví a verlo nunca más.

Años más tarde me di cuenta de que el psicólogo no estaba exagerando. El abuso sexual, doméstico, mental, físico y emocional *es* un trauma, y los supervivientes de este trauma se incluyen bajo el paraguas de los que sufren TEPT. Supongo que cuando experimentas algo así de traumático con tanta frecuencia siendo joven terminas normalizándolo. De niña, el marco de referencia de lo que es «normal» acaba siendo imparcial. Gracias a esa información, acepté que necesitaba adoptar medidas para recuperarme.

Escribir se convirtió rápidamente en una de esas medidas. Era muy difícil hablar abiertamente sobre lo que me había pasado, así que volví a mi cuaderno porque la escritura me parecía un lugar seguro. A medida que encontraba palabras para lo que había ocurrido, empecé a sentirme libre. Así fue como las semillas de mi primer libro, *otras maneras de usar la boca*, germinaron.

Los ejercicios de este capítulo exploran el trauma a través de diferentes temáticas. Analízalas a tu propio ritmo. Tu seguridad y tu bienestar son lo primero. Si sientes que no tienes ningún trauma que revisar, no pasa nada. No hace falta que hayas pasado por ello para profundizar en el mismo. Vales mucho, no tienes fin. El trauma no nos define. No es lo que nos hace interesantes. Nuestra *voz* y el modo en el que la *usamos* sí lo son. Si hay ejercicios que requieren que compartas una experiencia en particular que no has tenido, hazlo sobre otra cosa. No importa el grado, la gran mayoría tenemos experiencias dolorosas y vale la pena investigarlas. Deja que tu artista interior salga y juegue. Si necesitas modificar los ejercicios para poder hacerlos, por favor, hazlo. Espero que todo lo que escribas en este capítulo te haga ser consciente de lo valiente que eres.

EJERCICIO 1	A QUÉ SE PARECE EL TRAUMA

1) Cierra los ojos y respira profundamente diez veces, muy despacio.

Cuando termines, dedica un momento a meditar sobre la palabra *trauma*.

Después, dibuja en el espacio que hay a continuación a qué se parece el trauma. Cuando tenías los ojos cerrados y pensabas en esa palabra, ¿qué veías?

2) Observa tu dibujo y escribe en pocas palabras o frases lo que te venga a la cabeza cuando lo miras:

3) Selecciona al azar cuatro palabras o frases que hayas escrito previamente y enuméralas aquí:

1.

2.

3.

4.

Ahora escribe de manera automática cuatro párrafos o estrofas usando las cuatro palabras o frases que has seleccionado en orden cronológico. Cada párrafo/estrofa debe incluir una palabra/frase de la lista de arriba respetando la numeración.

PAUTAS

🕐 **Programa un temporizador de 10 minutos.** No lo pierdas de vista mientras escribes cada párrafo o estrofa en 2 o 3 minutos. Si te pasas del tiempo o te sobra, no pasa nada. El temporizador está ahí para ayudarte.

» Tu primer párrafo debe incluir la primera palabra/frase que has seleccionado.

» Tu segundo párrafo debe incluir la segunda palabra/frase que has seleccionado.

» Tu tercer párrafo debe incluir la tercera palabra/frase que has seleccionado.

» Tu cuarto párrafo debe incluir la cuarta palabra/frase que has seleccionado.

» Cuando termines el ejercicio, tendrás que haber usado las cuatro palabras/frases.

» No es necesario que uses cada palabra/frase más de una vez.

» Recuerda: este es un ejercicio de escritura automática, así que, aunque lo que escribas no tenga sentido, déjate llevar por tus pensamientos.

» Tu composición comienza con el verso *«La grieta en la»*. Estas palabras de inicio deben servir para estimular tu creatividad. Completa la frase y continúa escribiendo.

🕐 **Programa un temporizador y comienza a escribir:**

La grieta en la

EJERCICIO 2 | LO QUE ESCONDES

⏱ **Programa un temporizador de 10 minutos.** Lee la indicación y escribe tus pensamientos:

Lo que más miedo me da que la gente descubra sobre mí es

EJERCICIO 3 | ESCRIBIR UNA CARTA

Un ejercicio que hago a menudo, sobre todo cuando me bloqueo y me quedo en blanco, es escribir una carta. El hecho de profundizar en algo tan personal y familiar como eso hace que la presión de descubrir lo que voy a escribir un día de bloqueo desaparezca. En vez de bloquearme, mi atención creativa se dirige hacia lo que ya conozco, lo cual es reconfortante.

También escribo a emociones específicas. Por ejemplo, he escrito muchas cartas al «miedo». Hacerlo me ha ayudado a tener una conversación y a confrontarlo directamente más que tratar de ocultarlo.

Suelo pasar quince o treinta minutos escribiendo estas cartas.

Al final de esta página hay una lista de siete tipos de carta. Para este ejercicio, escoge una y escríbela en el espacio que hay a continuación. Aunque solo hay espacio para completar una de ellas, siéntete libre de escribir el resto en tu cuaderno personal en otro momento. A mí me encanta repetir temas que ya he utilizado anteriormente. Me ayuda a mirar hacia atrás y comparar los resultados para ver qué ha cambiado y qué permanece igual.

⏱ **Programa un temporizador de 15 minutos.** Después, elige uno de los siguientes temas y comienza a escribir:

> » Escribe una carta a la persona cuyo contacto te hirió.
>
> » Escribe una carta a tu padre desde la perspectiva de tu yo de siete años.
>
> » Escribe una carta a tu yo de nueve años desde la perspectiva de tu yo de ochenta años.
>
> » Escribe una carta a un recuerdo o momento traumático.
>
> » Escribe una carta a la «inseguridad».
>
> » Escribe una carta a las partes de ti que todavía te duelen.
>
> » Escribe una carta a tu madre cuando estaba embarazada de ti desde la perspectiva de tu yo no nacido.

EL DAÑO

EL DAÑO

| EJERCICIO 4 | ¿QUÉ SOY? |

Dedica un momento a analizar el siguiente dibujo:

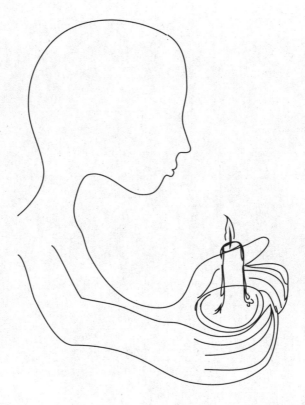

A continuación, escribe lo que te sugiere el dibujo. ¿Qué es lo primero que pensaste cuando lo viste? ¿Hay una historia detrás del dibujo? ¿Qué intenta decir?

Programa un temporizador de 10 minutos y comienza:

EL DAÑO

EJERCICIO 5 | HUESOS DE DURAZNO

Me encanta el hecho de que un puñado de palabras dispuestas juntas tengan el poder de contar una historia. Fue con la poesía sij con la que me di cuenta de ello.

Crecí practicando el *kirtan*: la práctica musical de cantar *shabad* sijs (himnos) y tocar el armonio. En secundaria, solía irme a casa después de la clase de *kirtan* y me sentaba con mi padre o mi madre para estudiar el *shabad* que me había tocado. Pasábamos horas analizando cada verso: así de profundas eran las palabras. Así es como me enamoré de la manera de decir más con menos.

En la preparatoria, leí por primera vez un famoso relato en siete palabras y mi fascinación con la prosa breve y concisa se intensificó. El poema, escrito probablemente por Ernest Hemingway, decía lo siguiente:

Se venden zapatos de bebé, sin estrenar.

¡Ufff! Esa frase se me quedó en las entrañas y me dejó sin aliento. ¡Qué historia tan dura escrita solo con siete palabras! En ese momento empecé a ver la escritura de la poesía como un rompecabezas a medio armar. Me pregunté a mí misma cómo podría construir una historia sin desperdiciar ninguna de las piezas del rompecabezas. Es decir, ¿cómo podría explicarme sin malgastar las palabras?

Para alguien que creció luchando por expresarse, las palabras son sagradas. Debido al abuso físico y sexual, crecí sintiéndome invisible y silenciada, así que cuando empecé a recitar y a escribir poesía quise que mis palabras perforaran el ruido para que no se perdieran. Me negué a seguir siendo invisible. Me negué a seguir aferrada a mi trauma como si yo fuera la responsable. Me negué a cargar con la culpa y la vergüenza porque no eran mías.

Mi estilo de escritura refleja todo esto. Fue una elección estilística escribir de manera tan concisa, sin adornos. Para el proceso de sanación, la comunicación es clave, así que eliminé la paja de mi escritura. Sentía la necesidad de compartir las palabras *exactas* con mi público, sin distracciones.

Me gusta describir mis poemas más cortos (aquellos que tienen entre uno y cuatro versos) como *huesos de durazno*.

Al ver el tamaño de estos poemas cortos, mucha gente piensa que no toma nada de tiempo escribirlos. No podrían estar más equivocados. Cada uno de estos huesos, de estos poemas, eran mucho más largos, algunos de una página o dos.

Durante el proceso de edición, quito los versos que no me gustan, lo que suele reducir el tamaño del borrador un veinticinco por ciento. Después, decido la «tesis» de mi poema. Me gusta escoger un tema único por poema para que el mensaje se entienda a la perfección.

Una vez que establezco la tesis del poema, suprimo los versos que no coinciden. Después, elimino todas las palabras que no aportan significado.

Este proceso se parece a pelar un durazno y hurgar en la carne hasta encontrar, por fin, el centro: el hueso. Lo tomo y se lo entrego a quien me lee en una bandeja de plata. Me encanta darles la esencia de lo que intento contar para que lo sientan de inmediato.

Por supuesto, no toda mi escritura encaja en este proceso. Algunos poemas, especialmente los que recito, son tan largos que duran cinco minutos. Hay un momento y un lugar para cada estilo. El truco, supongo, es elegir qué estilo cuadra más con el mensaje. Yo utilizo el recurso del hueso de durazno cuando quiero que el poema llegue de una manera rápida y fuerte, como una bala metafórica.

Aquí les muestro algunos de los poemas que sirven como ejemplo del concepto de «hueso de durazno».

he tenido sexo dijo

pero no sé

lo que se siente

al hacer el amor

otras maneras de usar la boca, p. 24

si hubiera sabido a
qué se parece la seguridad
habría perdido menos
tiempo cayendo en
brazos que no me la daban

otras maneras de usar la boca, p. 25

iba a ser
el primer hombre al que amaras en tu vida
todavía lo buscas
por todas partes

– padre

otras maneras de usar la boca, p. 20

En la segunda parte del ejercicio, tienes que escribir tu propio hueso de durazno. Te acompañaré durante todo el proceso. Recuerda: no te agobies y disfrútalo.

1) Para la primera parte de este ejercicio, escribe un poema largo sobre un momento en el que te ignoraban.

🕐 **Programa un temporizador de 5 minutos y comienza:**

2) Para la segunda parte de este ejercicio, debes editar tu poema hasta convertirlo en un hueso de durazno. Te guiaré durante todo el proceso.

» Primero, vuelve a la parte 1 y lee lo que has escrito desde el principio hasta el final. Cuando hayas terminado, describe la tesis de tu poema en una frase y anótala en el espacio que hay a continuación. Recuerda: la tesis de tu escrito es la esencia de este (si no lo tienes claro, escribe lo que me responderías si te pidiera que resumieras tu poema en una frase):

» Ahora que has decidido cuál es la tesis, vuelve a leer lo que has escrito y descarta todas las frases que no la apoyen o que distraigan. Una vez que hayas escogido las frases con las que te vas a quedar, escríbelas a continuación:

» Arranca una página de tu cuaderno personal para editar lo que acabas de escribir hasta que consigas reducirlo a cuatro frases. Tendrás que reescribir y usar varias páginas para completar esta parte. Mientras lo editas, ¡no olvides tu tesis! El objetivo de este ejercicio es que poco a poco consigas resumir en cuatro frases la esencia de tu tesis de la mejor manera posible (*mejor* es un concepto subjetivo).

Mientras lo editas, haz todos los cambios que quieras. Puedes, incluso, añadir nuevas frases si crees que así tiene más fuerza.

Ha habido ocasiones durante el proceso de edición en las que he reescrito el poema cincuenta o cien veces. Este proceso puede llevar horas, semanas o meses. Hay ocasiones en las que nunca lo he terminado y el poema queda inacabado. Teniendo en cuenta el propósito de este ejercicio, no nos llevará horas ni semanas. En vez de eso, continúa editando tu poema hasta que des con cuatro frases que te encanten. Escríbelas en el espacio a continuación:

» Ahora, revisa las cuatro frases de la página anterior. Intenta hacerlas más cortas quitando palabras innecesarias o reduciendo el tamaño de la frase. El objetivo de esta parte es que consigas que tus cuatro líneas sean lo más potentes posible y, al mismo tiempo, que apoyen perfectamente el mensaje central de tu tesis.

Para inspirarte, revisa los poemas de hueso de durazno que he proporcionado como ejemplos en las páginas 20-21. Una vez que hayas conseguido la versión más potente, escríbela a continuación:

EJERCICIO 6 | VISITA A MI YO ADOLESCENTE

Para este ejercicio, nos inspiraremos en el amor que siento por la poesía recitada.

Tal y como he mencionado en la introducción, mi viaje con la poesía comenzó en el escenario, cuando estaba en la preparatoria y empecé a recitar poemas en centros sociales y en micrófonos abiertos. La poesía recitada es poesía que cobra vida en el escenario. Estos poemas están escritos para ser leídos en voz alta. Mis poemas orales duran entre dos y seis minutos. Los tuyos pueden durar lo que quieras dentro de esa franja.

Para este ejercicio, no dudes en escribir sobre cualquier cosa. Quizá termines con un párrafo largo que ocupe varias páginas o puede que lo hagas con párrafos más cortos. No importa el estilo que utilices. Lo que importa es el contenido. Inventa una historia para los demás. Usa la imaginación y las metáforas. Haz descripciones y déjate llevar por la emoción.

La única norma es que tu composición incluya las palabras que te escribo a continuación, así como el uso de las pautas:

- » Risa
- » León
- » Tenedor
- » Azul
- » Cien
- » Agua
- » Mariposa
- » Nube
- » Gema
- » Reloj

PAUTAS

» Tienes dos opciones para usar todas las palabras incluidas en la lista. Elige una:

Opción 1: Comienza a escribir con la intención de usar la primera palabra (risa) desde el principio del poema. Después, cuando tus pensamientos se calmen y decidas qué es lo que vas a escribir a continuación, escoge al azar una de las palabras de la lista, deja que te inspire algo nuevo, inclúyelo en tu poema y continúa escribiendo (no olvides tachar la palabra después de usarla). Repite el proceso hasta que hayas empleado todas las palabras de la lista.

Opción 2: Deja que el temporizador te guíe. Ponlo en marcha, comienza a escribir y cada 2 minutos escoge una palabra de la lista e inclúyela en tu poema justo en ese momento. Continúa hasta haberlas usado todas.

» Empieza cerrando los ojos y tómate un instante para ti en silencio. Inspira. Espira. Concéntrate en tu cuerpo. Cuando sientas que es el momento, abre los ojos.

» Yo ya he escrito una frase para el inicio de tu poema.

🕐 **Programa un temporizador de 20 minutos y comienza a escribir:**

Si pudiera hablar con mi yo adolescente, volvería al día en que

EJERCICIO 7	MADRE

Solemos ocultar nuestro dolor a la gente que más nos importa. Compartir el dolor es como quitarse una carga enorme de los hombros, pero es muy difícil abrirse.

Para este ejercicio, escribe un poema a tu madre en el que le confieses un daño que sufras o que hayas sufrido en el pasado. No tiene que ser algo provocado por ella: puede ser cualquier cosa que te haya hecho sufrir. Lee la frase que te dejo a continuación y comienza a escribir:

Querida mamá:

Necesito que sepas una cosa

EJERCICIO 8 | EL MIEDO

1) Haz una lista de quince cosas que te den miedo:

»

»

»

»

»

»

»

»

»

»

»

»

»

»

»

2) Elige al azar cinco miedos de la lista. En la siguiente página, explica con más detalle cada miedo analizando de dónde proviene y por qué te asusta, con qué está conectado y cómo afecta a tu vida:

Miedo uno: _____

(¿Por qué y de dónde viene este miedo? ¿Con qué está conectado? ¿Cómo afecta a mi vida?)

Miedo dos: _____

(¿Por qué y de dónde viene este miedo? ¿Con qué está conectado? ¿Cómo afecta a mi vida?)

Miedo tres: _____

(¿Por qué y de dónde viene este miedo? ¿Con qué está conectado? ¿Cómo afecta a mi vida?)

_____

_____

_____

_____

_____

_____

_____

_____

_____

Miedo cuatro: _____

(¿Por qué y de dónde viene este miedo? ¿Con qué está conectado? ¿Cómo afecta a mi vida?)

_____

_____

_____

_____

_____

_____

_____

_____

_____

Miedo cinco: _____

(¿Por qué y de dónde viene este miedo? ¿Con qué está conectado? ¿Cómo afecta
a mi vida?)

3) Tener miedo no nos hace débiles: nos hace humanos. Nuestros cerebros están
diseñados para experimentar miedo con el fin de sobrevivir. Aunque el cerebro
humano es algo extraordinario, a veces no puede discernir entre lo racional
y lo irracional.

Un ejemplo de miedo racional es la preocupación de no poder pagar el
siguiente mes de renta porque te despedieron y no te quedan ahorros. Es un
miedo racional porque hay hechos que demuestran que ese miedo puede hacerse
realidad.

Un ejemplo de miedo irracional es preocuparte porque a la gente del trabajo no les vaya a gustar nada la presentación que tienes que hacer el viernes. Este miedo es irracional porque has pasado semanas practicando y controlas toda la información. De hecho, nunca te has equivocado en una presentación, así que no hay motivo para pensar que te vaya a pasar ahora.

Este miedo es irracional porque no está basado en un hecho, sino en una emoción. Eso sí, solo porque esté basado en una emoción no significa que no sea un miedo real. Solo quiere decir que, de acuerdo con los hechos, hay más probabilidades de que la presentación salga bien que de que salga mal.

Estudiar nuestros miedos irracionales puede descubrirnos muchas cosas de nuestro interior. Una gran cantidad de esos miedos irracionales tienen su origen en la infancia, probablemente por el ambiente o por la gente que nos crio.

Puede que nos dé miedo que nadie nos quiera porque cuando teníamos cinco años nuestros padres nos dejaron en casa con una niñera desagradable mientras ellos trabajaban horas extras.

Puede que nos dé miedo que nadie nos quiera porque nuestro primer amor nos dijo que no le gustábamos.

Ignorar los miedos irracionales solo les confiere más poder. He descubierto que la mejor manera de liberarme de ellos es hablarles directamente. Después de comprender el miedo, me gusta hacer una lista, de mejor a peor, de las consecuencias que podría tener que ese miedo se hiciera realidad. Entonces, compruebo la lista y elijo cuál de esas consecuencias es más probable que suceda. Normalmente, lo que ocurre en ese punto es que mi miedo irracional desaparece porque la consecuencia más realista no da tanto miedo como la que yo más temía.

Ahora, me gustaría que revisaras los cinco miedos que escribiste en la parte 2 y respondieras a las siguientes preguntas:

Miedo uno: _____

¿Qué es lo peor que puede suceder?

¿Qué es lo más probable que ocurra?

¿Cuáles son las dos o tres cosas que pueden ocurrir entremedias?

En una escala del 1 al 10, ¿qué tan probable es que suceda lo peor?

1	2	3	4	5	6	7	8	9	10
Menos probable									Más probable

Según la probabilidad anterior, ¿qué tan racional o irracional es tu miedo?

1	2	3	4	5	6	7	8	9	10
Completamente racional									Completamente irracional

Ahora, habla directamente con el miedo.

» Si el miedo es irracional y es poco probable que ocurra, ten una conversación con él y dile por qué es el momento de que se marche. El miedo no es tu enemigo. El miedo solo intenta avisarte y protegerte. Es tu deber descubrir lo que le preocupa. Para terminar, agradece al miedo que te haya avisado y explícale por qué estás a salvo.

» Si el miedo es racional y hay posibilidades de que suceda, escribe acerca de cómo vas a cederle espacio, cómo te gustaría relacionarte con él y por qué estarás bien.

Miedo dos: _____

¿Qué es lo peor que puede suceder?

¿Qué es lo más probable que ocurra?

¿Cuáles son las dos o tres cosas que pueden ocurrir entremedias?

En una escala del 1 al 10, ¿qué tan probable es que suceda lo peor?

1	2	3	4	5	6	7	8	9	10
Menos probable									Más probable

Según la probabilidad anterior, ¿qué tan racional o irracional es tu miedo?

1	2	3	4	5	6	7	8	9	10
Completamente racional									Completamente irracional

Ahora, habla directamente con el miedo.

» Si el miedo es irracional y es poco probable que ocurra, ten una conversación con él y dile por qué es el momento de que se marche. El miedo no es tu enemigo. El miedo solo intenta avisarte y protegerte. Es tu deber descubrir lo que le preocupa. Para terminar, agradece al miedo que te haya avisado y explícale por qué estás a salvo.

» Si el miedo es racional y hay posibilidades de que suceda, escribe acerca de cómo vas a cederle espacio, cómo te gustaría relacionarte con él y por qué estarás bien.

Miedo tres: _____

¿Qué es lo peor que puede suceder?

_____

_____

_____

¿Qué es lo más probable que ocurra?

_____

_____

_____

¿Cuáles son las dos o tres cosas que pueden ocurrir entremedias?

_____

_____

_____

_____

_____

_____

_____

En una escala del 1 al 10, ¿qué tan probable es que suceda lo peor?

1	2	3	4	5	6	7	8	9	10
Menos probable									Más probable

Según la probabilidad anterior, ¿qué tan racional o irracional es tu miedo?

1	2	3	4	5	6	7	8	9	10
Completamente racional									Completamente irracional

Ahora, habla directamente con el miedo.

» Si el miedo es irracional y es poco probable que ocurra, ten una conversación con él y dile por qué es el momento de que se marche. El miedo no es tu enemigo. El miedo solo intenta avisarte y protegerte. Es tu deber descubrir lo que le preocupa. Para terminar, agradece al miedo que te haya avisado y explícale por qué estás a salvo.

» Si el miedo es racional y hay posibilidades de que suceda, escribe acerca de cómo vas a cederle espacio, cómo te gustaría relacionarte con él y por qué estarás bien.

Miedo cuatro: _____

¿Qué es lo peor que puede suceder?

¿Qué es lo más probable que ocurra?

¿Cuáles son las dos o tres cosas que pueden ocurrir entremedias?

En una escala del 1 al 10, ¿qué tan probable es que suceda lo peor?

1	2	3	4	5	6	7	8	9	10
Menos probable									Más probable

Según la probabilidad anterior, ¿qué tan racional o irracional es tu miedo?

1	2	3	4	5	6	7	8	9	10
Completamente racional									Completamente irracional

Ahora, habla directamente con el miedo.

» Si el miedo es irracional y es poco probable que ocurra, ten una conversación con él y dile por qué es el momento de que se marche. El miedo no es tu enemigo. El miedo solo intenta avisarte y protegerte. Es tu deber descubrir lo que le preocupa. Para terminar, agradece al miedo que te haya avisado y explícale por qué estás a salvo.

» Si el miedo es racional y hay posibilidades de que suceda, escribe acerca de cómo vas a cederle espacio, cómo te gustaría relacionarte con él y por qué estarás bien.

Miedo cinco: _____

¿Qué es lo peor que puede suceder?

¿Qué es lo más probable que ocurra?

¿Cuáles son las dos o tres cosas que pueden ocurrir entremedias?

En una escala del 1 al 10, ¿qué tan probable es que suceda lo peor?

1	2	3	4	5	6	7	8	9	10
Menos probable									Más probable

Según la probabilidad anterior, ¿qué tan racional o irracional es tu miedo?

1	2	3	4	5	6	7	8	9	10
Completamente racional									Completamente irracional

Ahora, habla directamente con el miedo.

» Si el miedo es irracional y es poco probable que ocurra, ten una conversación con él y dile por qué es el momento de que se marche. El miedo no es tu enemigo. El miedo solo intenta avisarte y protegerte. Es tu deber descubrir lo que le preocupa. Para terminar, agradece al miedo que te haya avisado y explícale por qué estás a salvo.

» Si el miedo es racional y hay posibilidades de que suceda, escribe acerca de cómo vas a cederle espacio, cómo te gustaría relacionarte con él y por qué estarás bien.

EJERCICIO 9	ASOCIACIÓN DE PALABRAS

Piensa rápido:

1) ¿Cuál es la primera palabra que te viene a la mente cuando oyes la palabra *silencio*?

2) ¿Cuál es la primera palabra que te viene a la mente cuando oyes la palabra *recordar*?

3) ¿Cuál es la primera palabra que te viene a la mente cuando oyes la palabra *imperfección*?

4) ¿Cuál es la primera palabra que te viene a la mente cuando oyes la palabra *apocalipsis*?

Ahora, junta las cuatro palabras en negrita de arriba (*silencio*, *recordar*, *imperfección*, *apocalipsis*) con las cuatro palabras que respondiste y escribe cuatro párrafos/estrofas sobre una experiencia que te enoje.

El primer párrafo debe incluir la palabra con la que respondiste a la primera pregunta:

silencio y _____

(la palabra que escribiste en relación con silencio)

El segundo párrafo debe incluir la palabra con la que respondiste a la segunda pregunta:

recordar y _____

(la palabra que escribiste en relación con recordar)

El tercer párrafo debe incluir la palabra con la que respondiste a la tercera pregunta:

imperfección y _____

(la palabra que escribiste en relación con *imperfección*)

El cuarto párrafo debe incluir la palabra con la que respondiste a la cuarta pregunta:

apocalipsis y _____

(la palabra que escribiste en relación con *apocalipsis*)

🕐 **Dedica entre 5 y 7 minutos a escribir cada párrafo.**

EJERCICIO 10	ANSIEDAD

Si tienes pulso y eres un ser humano, habrás experimentado la ansiedad en algún momento de tu vida.

Siempre digo en broma que la gente con ansiedad es la más normal, porque ¿quién en su sano juicio puede vivir en este mundo y no sufrir ansiedad? En serio, gente sin ansiedad, ¿cómo le hacen? Por favor, cuéntennos.

Cuando era más pequeña, no sabía que el dolor de pecho, la dificultad al respirar y las molestias de estómago eran síntomas de ansiedad. No sabía cómo describir lo que me sucedía entonces. Sin embargo, con el paso del tiempo empecé a darme cuenta de cómo reaccionaban algunas partes de mi cuerpo a la ansiedad. Mis manos temblaban. La ansiedad me provocaba sensación de mareo, me volvía débil y me dejaba agotada. A veces sentía que había alguien con unas botas pesadas sobre mi pecho. Me quedaba sin aliento.

El hecho de darme cuenta de cómo me afectaban todos esos síntomas me enseñó a ser más compasiva conmigo misma. Para este ejercicio, te adentrarás en distintas zonas y funciones de tu cuerpo para ver qué es lo que revelan sobre tu ansiedad. La única norma es que respondas cada pregunta solo con tres frases. Ni más ni menos.

Ya sé que te he estado pidiendo que escribieras de manera automática los primeros pensamientos que te pasaran por la cabeza, pero para completar este ejercicio tienes que ir más despacio. Prepara bien tus respuestas de tres frases (ya entenderás el porqué).

1) Cuando tienes ansiedad, ¿en qué lugar de tu cuerpo se manifiesta primero?

2) ¿En qué otras partes de tu cuerpo sientes la ansiedad?

3) ¿Cómo actúa la ansiedad en tu garganta?

4) ¿Hay momentos en los que aguantas la respiración sin darte cuenta?
(Por ejemplo, en algunas ocasiones yo misma contengo la respiración si estoy
escribiendo, manejando o tomando fotos. También me pasa cuando
estoy con gente que me intimida o que no me da seguridad.)

5) ¿Qué parte de tu cuerpo queda más agotada después de sufrir ansiedad?

6) ¿Cómo actúa la ansiedad en tu estómago?

7) ¿Qué es lo que calma tu cuerpo cuando tienes ansiedad?

8) Has escrito un total de veintiuna frases en las siete preguntas. Ahora úsalas para construir tres poemas de siete versos. No utilices más de dos frases de la misma pregunta. Usa cada frase una vez, solo una. Si quieres, puedes hacerles algún cambio para que beneficie el ritmo, la gramática o el tiempo verbal. Utiliza un lápiz para este ejercicio, ya que puede que tengas que borrar o hacer cambios.

Esta parte consiste más en editar que en escribir. El objetivo es ver si puedes hacer algo con lo que ya has escrito e imaginártelo de otra manera. A veces tenemos escondidas dentro gemas que solo descubrimos cuando agitamos las cosas. Cuando no me siento inspirada, me gusta revisar textos antiguos para ver si puedo adaptarlos de nuevo. Al terminar este ejercicio puede que descubras algo que te encante. Al menos, será un experimento interesante.

Poema 1:

Poema 2:

Poema 3:

EJERCICIO 11 | EL POEMA-LISTA

Un poema-lista es un poema escrito en formato de lista. Es un inventario de personas, lugares, cosas o ideas. Puedes escribirlo como quieras: con anotaciones, con frases largas, con viñetas o con enumeraciones. Una lista bien escrita es la que cuenta una historia a través de sus elementos.

Aquí les dejo un poema-lista que escribí sobre la depresión:

la depresión es:
- silenciosa
- nunca la oigo llegar
- se sienta al borde de mi cama

    espera que me levante

    se me acerca como un fantasma

    y se niega a abandonar mi cuerpo
- la depresión es un parque de diversiones vacío
- una ciudad fantasma en la que me he perdido
- una carretera vacía a las dos de la madrugada
- cajas de pizza vacías
- llamadas perdidas de amigos
- un centro comercial abandonado
- el deseo de olvidar dónde estoy
- un peso atado a mi garganta

    que cae hasta mi estómago
- sentirse entre los vivos y los muertos
- sentir que soy inmortal

Para este ejercicio, quiero que crees tu propio poema-lista basado en cualquiera de los temas siguientes:

» Pena

» Ansiedad

» Fracaso

» Vergüenza

» Dolor

» Inseguridad

» Esperanza

» Pérdida

» Intento

» Amistad

PAUTAS

🕐 **Programa un temporizador de 10-15 minutos.**

» El poema puede tener la duración que tú quieras.

» Pasa la página y comienza a escribir.

_____ es:

(Escribe aquí el tema que elegiste.)

EJERCICIO 12	A LA GENTE QUE HA TOCADO MI CUERPO

Escribe una carta a todos aquellos que han tocado tu cuerpo.

🕐 **Programa un temporizador de 15 minutos y comienza a escribir:**

A toda la gente que ha tocado mi cuerpo,

| EJERCICIO 13 | LAS PAREDES DE LA HABITACIÓN |

Lee la frase y escribe lo que te pase por la cabeza:

Si las paredes de mi cuarto pudieran hablar, dirían

el amor llegará
y cuando el amor llegue
el amor te abrazará
el amor te llamará por tu nombre
y te derretirás
a veces sin embargo
el amor te hará daño pero
el amor nunca querrá hacerte daño
el amor no jugará a ningún juego
porque el amor sabe que la vida
ya ha sido bastante difícil

otras maneras de usar la boca, p. 64

capítulo dos

el amor

Empecé a escribir poesía porque quería entender lo que significaba ser una mujer. Vivimos en un mundo patriarcal y la violencia de género está por todas partes. A través de la poesía quise adentrarme en historias tocadas por esta violencia para escribir palabras que me dieran esperanza.

Pasé años escribiendo sobre esta violencia hasta que una voz en mi interior me dijo: «Estoy harta. Escribes sobre lo terrible que es la violencia, pero te estás dando cuenta de que nadie puede quitarte tu poder, ¿verdad?».

Gracias a esa voz desafiante empecé a explorar temas más livianos y a no quedarme atrapada en el trauma. Comencé entonces a escribir sobre el amor y la sexualidad. Me ayudó a redefinir las ideas tóxicas sobre el amor y a sustituirlas por otras más sanas. Escribí sobre el placer, los orgasmos, el sexo y la masturbación como una manera de reivindicar mi cuerpo. De esta forma, me di cuenta de que es lícito que me tome un tiempo para curarme de un trauma sexual y, al mismo tiempo, disfrute de los placeres que mi cuerpo puede proporcionarme. No soy lo que me ocurrió. Soy polifacética. Como superviviente, explorar todos estos temas es esencial.

A través del ejercicio de este capítulo, espero que seas capaz de mirar más de cerca el amor para entender lo que significa y lo que quieres que signifique en los años que vengan, así como todo lo que mereces.

EJERCICIO 1	AMOR

En el espacio a continuación, escribe todas las palabras en las que piensas cuando oyes la palabra *amor*:

1) Programa un temporizador de 1 minuto y comienza. En cuanto acabe, pasa al punto 2:

2) Ahora, describe el amor sin usar la palabra *amor* ni ninguna de las que has enumerado en el primer ejercicio.

🕐 **Programa un temporizador de 15 minutos y comienza:**

EJERCICIO 2	EL AMOR NO ES

Haz una lista de lo que crees que no significa el amor.

(Si necesitas recordar lo que es un poema-lista, ve a la página 62.)

🕐 **Programa un temporizador de 10 minutos y comienza:**

El amor no es:

EJERCICIO 3 | ¿QUÉ SOY?

Dedica un momento a analizar el siguiente dibujo:

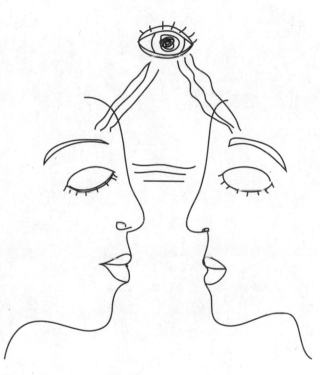

Ahora, escribe lo que te sugiere el dibujo. ¿Qué es lo primero que pensaste cuando lo viste? ¿Existe una historia detrás del dibujo? ¿Qué intenta decir?

Programa un temporizador de 10 minutos y comienza:

EJERCICIO 4 | DECLARACIÓN, NECESIDADES, OBJETIVO

no quiero tenerte

para que llenes las partes vacías de mí

quiero llenarme por mí misma

quiero estar tan completa

que pueda alumbrar una ciudad entera

y entonces

quiero tenerte

porque la mezcla de los dos

podría incendiarla

otras maneras de usar la boca, p. 63

Escribí este poema en un momento en el que estaba aprendiendo a redefinir el amor.

Solía dejar que la gente me hiciera daño porque pensaba que ese era el precio que debía pagar por los pocos momentos en los que me hacía sentir bien. Por suerte, entendí que merecía algo mejor y que debía dejar de justificar comportamientos tóxicos. De hecho, no necesitaba que alguien me hiciera sentir bien porque yo misma tenía el poder para conseguirlo.

La pregunta que intentaba responder mientras escribía este poema era: ¿qué es lo que me merezco?

Escribí que merecía a alguien igual de comprometido con la relación que yo. Alguien que no se sintiera intimidado por mi voz. Si iba a cederle espacio a otro ser humano, tendría que amplificar mi luz, no atenuarla.

Para este ejercicio, vamos a fragmentar este poema y a estudiarlo por partes.

El poema empieza con una **declaración**:

> no quiero tenerte
>
> para que llenes las partes vacías de mí

Continúa con una lista de **necesidades**:

> quiero llenarme por mí misma
>
> quiero estar tan completa
>
> que pueda alumbrar una ciudad entera

Concluye con un **objetivo**:

> y entonces
>
> quiero tenerte
>
> porque la mezcla de los dos
>
> podría incendiarla

Este formato de declaración-necesidades-objetivo me ayuda a hallar las respuestas mientras paso por un periodo de cambio. También tiene la capacidad de contar una historia breve. La declaración, la necesidad y el objetivo actúan como introducción, nudo y desenlace.

Para este ejercicio, vas a escribir un poema con una declaración, una necesidad y un objetivo. Te daré unas palabras que sirvan de inicio para cada sección: lo único que tienes que hacer es completar el resto.

PAUTAS

» **Declaración:** Haz la declaración que tú quieras. Esta sección servirá como muestra del enfoque y el tono del poema.

» **Necesidades:** ¿Qué es lo que necesitas y no te están dando?

» **Objetivo:** ¿Cómo quieres que sea el futuro? ¿Qué deseas que ocurra? ¿Qué esperas? ¿Qué es lo que vas a aceptar? ¿Y qué vas a rechazar?

1)

Comienza tu poema con una **declaración**:

Yo no _____

_____

_____

_____

Continúa con una lista de **necesidades**:

También voy a _____

_____

_____

_____

Concluye con un **objetivo**:

Quien me merece va a _____

_____

_____

_____

_____

2) Intentemos otro:

Comienza tu poema con una **declaración**:

Lo que hiciste fue _____

_____

_____

_____

Continúa con una lista de **necesidades**:

Imagina _____

_____

_____

_____

Concluye con un **objetivo**:

A menos que estés _____

_____

_____

3) Y otro:

Comienza tu poema con una **declaración**:

No me importa _____

Continúa con una lista de **necesidades**:

Quiero _____

Concluye con un **objetivo**:

Y _____

4) Para terminar, escribe uno que sea únicamente tuyo:

Comienza tu poema con una **declaración**:

Continúa con una lista de **necesidades**:

Concluye con un **objetivo**:

EJERCICIO 5	PASIÓN

1) Programa un temporizador de 10 minutos. En el espacio a continuación, dibuja cómo ves la «pasión».

2) Para la segunda parte de este ejercicio tienes que escribir un soneto sobre la pasión (basado en el dibujo que has hecho en la parte 1). Un soneto es un poema de catorce versos. Hay muchas maneras de escribir sonetos, pero ya que en este punto la técnica o el estilo no nos preocupan demasiado, no le des importancia. Lo único que tienes que hacer es escribir catorce versos.

Te dejo varias frases para que te sirvan de comienzo. Usa tu dibujo para rellenar los espacios en blanco:

La pasión se parece a _____

A primera vista _____

_____

Quiere _____

Suena como _____

Me recuerda por qué yo _____

Cuando me toca _____

_____

Nunca he visto _____

Desesperadamente _____

_____

La última vez _____

Imagina _____

Por fin _____

EJERCICIO 6	**PLACER**

Responde a continuación:

Si alguna vez te ha dado vergüenza decirle a la persona con la que te acuestas lo que te gusta en la cama, ¿qué es lo que le pedirías si esa vergüenza no existiera?

EJERCICIO 7	LUCES ENCENDIDAS

Haz una lista de lo siguiente:

1) ¿Qué te excita?

2) A partir de la lista de arriba, escribe un poema sobre la experiencia de una (o todas) las cosas que te excitan.

Como mujer, mi placer no siempre ha sido prioritario, razón por la cual me siento empoderada al escribir poemas que hablen de sexo en positivo. Me ha ayudado a consolidar el hecho de que mi cuerpo no está ahí únicamente para dar placer a otros. Yo también merezco sentir placer.

Te dejo aquí un ejemplo de un poema que habla del sexo en positivo y que incluí en *todo lo que necesito existe ya en mí*:

mi cuerpo arde al desearte

me derramo en el momento en que nos quitamos la ropa

quiero ese tipo de amor que

me lleva

a otros reinos

te deseo tanto

entramos en un mundo espiritual

pasamos de ser tiernos a ser duros

quiero que nos miremos a los ojos

que mis piernas alcancen

los extremos de la habitación

y mirar con tus dedos

quiero que la punta de tu alma

toque la mía

quiero que

de esta habitación

salgamos otros

– puedes hacerlo

todo lo que necesito existe ya en mí, p. 85

🕐 Ahora te toca a ti. **Programa un temporizador de 15 minutos.** Te facilito un verso para que te ayude a empezar:

Me clavas alfileres en las manos

EJERCICIO 8	UNA HISTORIA EN PROSA

1) Responde a continuación:

    a. ¿Cuál es tu lugar favorito de la ciudad? _____

    b. ¿Qué es lo último que comiste? _____

    c. ¿Cuál es tu prenda de ropa favorita? _____

    d. Encierra una de las siguientes opciones:

      Misterio   Arrogancia   Aburrimiento

    e. Encierra una de las siguientes opciones:

      Sí   No

2) Toma nota de las respuestas de arriba y rellena los espacios en blanco:

Se citaron en _____
             (Tu respuesta de la parte a.)

Están comiendo _____
             (Tu respuesta de la parte b.)

Llevas puesto _____
           (Tu respuesta de la parte c.)

A media cita te diste cuenta de que esa persona es muy _____
                          (Tu respuesta de la parte d.)

Al final, _____ tuvieron relaciones.

(Tu respuesta de la parte e.)

3) Ahora, vamos a la parte de escribir. Imagina esto: es viernes por la noche y te diriges a una primera cita. Los espacios en blanco que rellenaste en el paso 2 resumen los detalles de tu cita. Teniendo eso en cuenta, escribe lo que ocurrirá en la cita. Asegúrate de incluir los cinco detalles subrayados.

PAUTAS

🕐 **Programa un temporizador de 20 minutos.**

» Hay muchas maneras en las que puedes escribir sobre esa cita. Un modo es hacerlo como si estuviera ocurriendo en este momento. Otro es escribir sobre ello en pasado, como si se lo estuvieras contando a alguien a la mañana siguiente. ¡Elige uno, activa tu creatividad y pásatela bien!

EJERCICIO 9	HAZ UN BRINDIS

¡Me encantan los discursos, ya sean en una fiesta de cumpleaños o en un aniversario! Los que más me gustan son los que surgen al calor del momento.

Imaginemos que estoy en la fiesta de cumpleaños de una amiga y que la estoy pasando muy bien. Soy la típica persona a la que le encanta pedir a la gente que se ponga en círculo y le diga cosas bonitas a la cumpleañera. Esos momentos en los que las personas improvisan los hacen ser más vulnerables. Dicen cosas emotivas, amables, divertidas e, incluso, cursis. Sus palabras provocan suspiros de admiración y ternura entre el público. Esos son mis discursos favoritos.

Un discurso improvisado se parece mucho a la escritura automática. Ambos carecen de filtros y correcciones. Para el siguiente ejercicio, tienes que escribir un discurso sobre cualquiera de las supuestas situaciones que enumero a continuación. Elige la que más te inspire y comienza a escribir:

» Es el día de tu boda. Desde el punto de vista de una persona muy cercana a ti, escribe el discurso que daría.

» Tu pareja y tú están esperando su primer hijo. Una mañana, mientras se lavan los dientes, te sobreviene una ola de inspiración. De pie frente al espejo, dile unas palabras a tu bebé no nacido.

» Te han pedido que des el discurso de graduación en una universidad de tu ciudad. De pie frente al micrófono, ¿qué dirías?

EJERCICIO 10 | AGUA, TIERRA, ÁRBOLES Y HOJAS

En este ejercicio, tienes que escribir cinco poemas diferentes con no más de cuatro versos en cada uno. Cada poema trata sobre un tema distinto elegido para ti. La única norma es que los poemas no tengan más de cuatro versos. Si necesitas inspirarte, revisa el ejercicio del hueso de durazno de las páginas 21 y 23.

🕐 **Programa un temporizador de 2 minutos para cada tema:**

1) *La nostalgia es* _____

_____

_____

_____

2) *La diversión es* _____

_____

_____

_____

3) *La amistad es* _____

4) *La risa es* _____

5) *La comunidad es* _____

EJERCICIO 11	EL PRIMERO

Vamos a dar un paseo por nuestros recuerdos. Completa las siguientes frases en el espacio indicado. Si nunca has experimentado nada de lo que te pido, usa tu imaginación.

1) *Mi primer amor*

2) *Mi primer beso*

3) *Mi primera experiencia sexual consentida*

4) Para la última parte de este ejercicio, tienes que escribir un poema oral. Recuerda, la intención del poema oral es recitarlo en un escenario. Para una descripción más amplia de lo que es la poesía recitada, revisa la página xiv de la introducción.

Para empezar, escoge una de las supuestas situaciones sobre las que has escrito en el ejercicio previo. Lo que elijas se convertirá en el tema de tu obra. Escribe en estrofas o en párrafos, lo que te sea más cómodo. En la página siguiente, encontrarás una guía detallada de lo que has de escribir en cada una de las cuatro estrofas/párrafos. Léela hasta el final y vuelve a ella antes de empezar la siguiente parte. Pasa la página y comienza.

PAUTAS

» **Primera parte: Construcción de mundos**

Según el tema que elijas, comienza tu ensayo con una de las siguientes frases:

» *Mi primer amor...*

» *Mi primer beso...*

» *Mi primera experiencia sexual consentida...*

En el primer párrafo/estrofa, describe la experiencia sin entrar en detalles, sin detallar las emociones. Danos el quién, el qué, el dónde, el cuándo y el porqué. El objetivo es que prepares la escena.

» **Segunda parte: Emociones**

Comienza esta sección con la palabra **«Fue»** y escribe acerca de lo que supuso eso que viviste. En esta parte, puedes describir las emociones y los sentimientos con el detalle que quieras.

» **Tercera parte: Reflexión**

Comienza esta sección con las palabras **«Antes de este momento solía pensar»** y escribe si tu primera experiencia fue tal y como imaginabas que sería. ¿Fue diferente cuando ocurrió? ¿Fue mejor o peor?

» **Cuarta parte: Perspectiva**

Comienza esta sección con las palabras **«Estando hoy aquí»** y escribe cómo te sientes viendo esa experiencia desde la actualidad. ¿Qué piensas sobre todo eso ahora?

⏱ **Programa un temporizador de 5 a 7 minutos para escribir cada parte.**

EJERCICIO 12 | CAER EN MÍ

en un mundo que no considera

que mi cuerpo sea mío

el placer propio es un acto

de supervivencia

cuando siento que estoy desconectada

me conecto con mi centro

toque a toque

vuelvo a ser yo

cuando llego al orgasmo

todo lo que necesito existe ya en mí, p. 78

¿Qué es lo que más disfrutas de la masturbación? ¿Y lo que más vergüenza te da?

EJERCICIO 13	CLÍMAX

Describe un orgasmo sin usar la palabra *orgasmo*:

EJERCICIO 14 | INTROSPECCIONES

Escribir es explorar. Te ayuda a dar respuesta a preguntas complicadas, las mismas que después pueden sorprenderte.

Responde con honestidad las siguientes preguntas hipotéticas:

1) ¿Consideras que el amor es suficiente para hacer que una relación funcione o que hay cosas como el dinero o una carrera profesional que son fundamentales para que una relación a largo plazo triunfe?

2) ¿Qué opinas sobre la expresión «enloquecer de amor»? Hay quien dice que tu «alma gemela» debería hacerte sentir seguridad y estabilidad y no «enloquecer de amor», mientras que otros dicen que tu «alma gemela» sí debería hacerte «enloquecer de amor». ¿Qué piensas al respecto?

3) ¿Consideras que los seres humanos están hechos para mantener relaciones monógamas o que la monogamia va en contra de nuestra naturaleza?

4) ¿Perdonarías una infidelidad? ¿Por qué sí o por qué no?

5) Hace diez años que te casaste con el amor de tu vida. Tienen dos hijos maravillosos. Tu pareja es tu mejor amiga y la pasan bien. Un día, te cruzas con alguien a quien no conoces en una cafetería y sientes que es amor a primera vista. Empiezan a charlar, te da curiosidad, así que le das tu número. Comienzan a escribirse inmediatamente y dos semanas más tarde te convences de que esta persona es tu alma gemela. Si la voz de Dios dijera que esta persona es, sin duda, tu alma gemela, ¿qué harías? ¿Dejarías a tu pareja, a quien aún amas intensamente, y buscarías un futuro con esta persona? ¿Por qué? ¿Por qué no?

6) Hay dos personas delante de ti:

» La primera persona es de origen humilde. A pesar del hecho de que no cuenta con sustento económico, ha logrado pagarse la universidad. En su trabajo actual no cobra demasiado. No tiene previsión de cobrar mucho más en su puesto de trabajo, pero está contenta con su situación financiera actual. Aunque no puede proporcionarte todos los lujos que le gustaría, es fascinante, divertida, y a ti te encanta pasar tiempo con ella.

» La segunda persona tiene una fortuna de millones de dólares. Posee multitud de propiedades preciosas por todo el mundo. Estar con esta persona significa poder hacer todo lo que quieras. Es poderosa y sexy, y eso te encanta. Sin embargo, es un poco mezquina, narcisista, y no suele ponerte a ti por delante.

¿A quién escogerías para que fuera tu pareja a largo plazo y por qué?

EL AMOR

7) Si pudieras rediseñar la cultura de las citas, ¿qué es lo que cambiarías?

la manera
en la que se van
lo dice
todo

otras maneras de usar la boca, p. 147

capítulo tres
la ruptura

Las rupturas son un asco. Nadie se libra de sufrirlas en algún momento por lo menos una vez, si no más. Yo soy de a las que les ha pasado muchas veces, así que déjame decirte que no importa el número de rupturas por las que pases: nunca es fácil.

Cuando te rompen el corazón crees que tu vida ha terminado y que nunca te vas a recuperar. Reproduces recuerdos preguntándote si podrías haber hecho las cosas de otra forma. Buscas maneras para conseguir que funcione de nuevo. Es como si estuvieras pasando por un duelo, pero lo que se ha muerto es el futuro que estaban construyendo. Todo eso ha desaparecido. Es terrorífico.

Sin embargo, el tiempo lo cura todo, y hasta que lo hace es mejor que te mantengas activo. Inscríbete a clases de baile, organiza planes, haz un voluntariado, búscate una afición nueva. Ya sé que crees que no vas a estar bien, pero te aseguro que un día te despertarás y te darás cuenta de que tú eres lo único que necesitas.

Los ejercicios de este capítulo tratan sobre el dolor del alma. Acuérdate de que las relaciones de pareja no son las únicas que pueden romperte el corazón. A veces sucede con alguien que sentías muy cerca, con un familiar o con un sueño que no ha salido bien. No importa lo que sea: sobrevive y rehúsa convertirte en la víctima de tu historia.

EJERCICIO 1	¿QUÉ PREFIERES?

Responde a continuación:

Si tuvieras que contarle a un niño de cinco años qué es lo que sientes cuando te rompen el corazón, ¿qué le dirías?

EJERCICIO 2 | EGOÍSTA

Para hacer este ejercicio, vas a leer el poema «egoísta» de *otras maneras de usar la boca*. Dos semanas después de pasar por una ruptura muy dolorosa, casualmente el día antes de mi cumpleaños, escribí este poema llena de rabia. Estaba enojada porque mi cumpleaños era al cabo de doce horas y esa ruptura iba a estropearlo. Estaba enojada porque ese tipo no había conseguido lo que quería y se había marchado. Quería jalarme los cabellos o, mejor dicho, jalarle a él los suyos.

El día que lo escribí iba en el coche de mi primo, sentada en el asiento del pasajero. Mientras salíamos del estacionamiento del supermercado, lo sentí. Elizabeth Gilbert lo llamó *magia poderosa*. Sucede cuando la creatividad se adueña de tu cuerpo y la magia sale de ti sin esfuerzo. Te permite crear con mayor facilidad, te hace creer que has nacido para ello. No suele ocurrir a menudo, pero cuando lo hace es algo increíble.

Aquel día sentí la «magia poderosa», saqué mi iPhone 5 y empecé a teclear con furia en la aplicación de notas. Mientras presionaba la pantalla con los pulgares, sentí una rabia hermosa. Una rabia que me estaba dando la fuerza necesaria para convertirme en la gigante que estaba destinada a ser. Mi primo intentó un par de veces entablar conversación, pero lo corté con impaciencia. Por suerte, él me había visto en otras ocasiones en ese estado, así que no se ofendió. Estábamos a siete minutos de casa, y al finalizar el trayecto yo ya había escrito varias páginas.

Cuando llegamos, me latía el corazón con desenfreno. No recuerdo que mi primo bajara del coche, sacara las compras y las metiera a la casa. Recuerdo escribir la última palabra del poema y sentirme *en la gloria.*

En las próximas páginas leerás y trabajarás sobre este poema. Para su resolución, lo he dividido en tres secciones. En cada una de ellas he dejado un espacio para que escribas nuevas estrofas del poema. Recuerda: es un ejercicio de escritura automática, así que no pasa nada si lo que añades vuelve «confuso» el poema o lo «desordena». De eso se trata. Quiero ver si la misma rabia sin filtrar que yo sentí al escribir por primera vez este poema aparece en la página cuando tú lo hagas.

PAUTAS

» Antes de que empieces a escribir, lee las tres secciones del poema desde el comienzo hasta el final.

» Después vuelve al comienzo, lee de nuevo la primera sección para que la inspiración surja y escribe en el primer espacio en blanco lo que pase por tu mente.

» Una vez que hayas terminado el primer espacio en blanco, lee de nuevo todo lo que hayas escrito y deja que sirva de inspiración para el segundo espacio.

» Una vez que hayas terminado el segundo espacio en blanco, lee de nuevo todo lo que hayas escrito y deja que sirva de inspiración para el tercer espacio.

Pasa la página para comenzar el ejercicio.

te voy a hablar de las personas egoístas. aunque saben
que te van a hacer daño, entran en tu vida para probarte,
porque eres el tipo de persona que no quieren dejar
pasar. brillas demasiado como para no darse cuenta. así
que cuando han echado un vistazo a todo aquello que
tienes que ofrecer. cuando se han llevado con ellos tu
piel tu pelo tus secretos, cuando se dan cuenta de lo real
que es esto. la tormenta que eres y esto les da de frente.

es entonces cuando aparece la cobardía. cuando las
personas que pensabas que eran se sustituyen por la
tristeza de lo que son en realidad. cuando pierden cada
hueso luchador de su cuerpo y se van después de decir
encontrarás a alguien mejor que yo.

te quedarás ahí desnuda con la mitad de ellos escondida
en algún lugar dentro de ti y llorarás. preguntándoles por
qué lo hicieron, por qué te obligaron a quererlos cuando
no tenían intención de corresponderte y dirán algo como
tenía que intentarlo. tenía que darle una oportunidad.
fuiste tú, después de todo.

pero eso no es romántico. no es dulce. el hecho de que tu
existencia los anulara tanto que tuvieran que arriesgarse
a romperla solo para no ser los únicos en quedarse fuera.
tu existencia no significó nada al lado de la curiosidad
que les despertabas.

esto es lo que pasa con las personas egoístas. apuestan
todo un ser. toda un alma para complacerse a sí mismos.
en un segundo te abrazan como si tuvieran el mundo
en su regazo y al siguiente te rebajan a una simple
fotografía. a un momento. a algo del pasado. un segundo.
te engullen y susurran que quieren pasar el resto de su
vida contigo. pero cuando sienten miedo. ya están de
camino a la puerta. sin tener el valor de irse con
elegancia. como si el corazón humano no significara nada
para ellos.

y después de todo esto. después de lo que se llevan. del
valor. es triste y gracioso ver cómo la gente tiene más
agallas para desvestirte con las manos que para coger
el teléfono y llamar. disculparse por la pérdida. y así es
como la pierdes.

— *egoísmo*

otras maneras de usar la boca, pp. 144-145

| EJERCICIO 3 | LISTA DE TAREAS PENDIENTES |

Te dejo aquí un poema de *otras maneras de usar la boca*:

lista de tareas (después de la ruptura):

1. haz de tu cama un refugio.
2. llora, hasta que paren las lágrimas (esto llevará unos días).
3. no escuches canciones lentas.
4. borra su número de la agenda aunque tus dedos
   se lo sepan de memoria.
5. no mires fotos antiguas.
6. encuentra la heladería más cercana y recétate un helado
   de dos bolas de menta con pepitas de chocolate. la menta
   calmará tu corazón. el chocolate te lo mereces.
7. compra sábanas nuevas.
8. junta los regalos, las camisetas y todo lo que huela a él
   y dónalo a un centro de recogida.
9. organiza un viaje.
10. perfecciona el arte de sonreír y asentir cuando alguien
    saque su nombre en una conversación.
11. empieza un proyecto nuevo.
12. hagas lo que hagas. no le llames.
13. no supliques a quien no quiere quedarse.
14. deja de llorar en algún momento.
15. permítete sentirte ingenua por creer
    que podías construir el resto de tu vida
    en el estómago de otra persona.
16. respira.

otras maneras de usar la boca, p. 146

Para este ejercicio vas a escribir tu propia lista de tareas pendientes. Sin embargo, tu poema-lista tratará sobre una «lista de cosas que hacer en tiempos de tristeza».

PAUTAS

» Evita usar los elementos de mi lista: inventa la tuya propia.

» ¡Recuerda la escritura automática! Usa solo energía sin filtros y sin censura, por favor 😊.

» Tu lista puede ser tan larga como quieras.

Pasa la página y comienza.

Lista de tareas en tiempos de tristeza:

»

»

»

»

»

»

»

»

»

»

»

»

»

EJERCICIO 4 | IDEA VS. REALIDAD

creíste que era una ciudad lo bastante

grande como para una escapada de fin de semana

soy el pueblo que la rodea

aquel del que nunca has oído hablar

pero siempre cruzas

aquí no hay luces de neón

ni rascacielos ni estatuas

pero hay un trueno

con el que hago temblar los puentes

no soy comida de la calle soy espesa

mermelada casera lo más dulce

que tocarán tus labios

no soy sirenas de policía

soy el crujido de una chimenea

te quemaría y aun así

no podrías dejar de mirarme

porque estoy tan guapa cuando lo hago

que te sonrojas

no soy una habitación de hotel soy un hogar

no soy el whisky que quieres

soy el agua que necesitas

no vengas aquí con expectativas

de convertirme en tus vacaciones

otras maneras de usar la boca, p. 101

¿No te resulta *graciosa* la cantidad de excusas que inventamos cuando nos gusta alguien y queremos estar con esa persona? Nuestros sentimientos nos distraen de tal manera que no vemos a esa persona como es: todo lo que vemos es una idea proyectada sobre lo que es. Esta idea es tan poderosa que pronto ignoramos las alertas y las *red flags*. Pensamos que nuestro amor por ella será tan fuerte que provocará un cambio. Al final, debemos dejar que pase y aceptar la realidad.

Después de una relación como esa, suelo hacer listas mentales sobre ideas que he proyectado en esa persona, es decir, todas las historias que he inventado basadas en mis sentimientos. Luego, las comparo con sus actos, pues son sus actos los que ilustran la realidad. Esta comparación entre la «idea» y la «realidad» me ayuda a superarlos con mayor rapidez. Me ayuda a saber que *realmente* todo aquello que me gustaba de verdad no existió.

No sé bien por qué proyectamos esas historias en la gente. Puede que sea algo propio de la naturaleza humana. Puede que sean los cuentos de hadas que leíamos en nuestra infancia o las comedias románticas con las que crecimos.

Para el siguiente ejercicio quiero que te remitas a una relación antigua, una amistad o un amor no correspondido, y rellenes la tabla con las «ideas» y la «realidad».

PAUTAS

» Primero, completa la columna «mi idea de esa persona» con todas las ideas e historias falsas que tenías sobre ella.

» Cuando hayas terminado, continúa con la columna «realidad».

» Hazlo fila por fila.

» No hace falta que completes las diez filas: escribe todas las que puedas.

» Te dejo un ejemplo para que te sirva de ayuda:

	MI IDEA DE ESA PERSONA	VS.	REALIDAD
1	Creía que era una persona buena y amable porque fue buena y amable conmigo.	VS.	Descubrí que no era tan amable como pensaba. Solía juzgarme y hacer comentarios dañinos sobre gente que él no conocía. No hice caso porque quería con todas mis fuerzas que fuera «el amor de mi vida».
2		VS.	

	MI IDEA DE ESA PERSONA	VS.	REALIDAD
3		VS.	
4		VS.	
5		VS.	
6		VS.	

	MI IDEA DE ESA PERSONA	VS.	REALIDAD
7		VS.	
8		VS.	
9		VS.	
10		VS.	

EJERCICIO 5	CUANDO PUEDES VERLO CON MUCHA CLARIDAD PERO LA OTRA PERSONA NO LO HACE

dijiste. si tiene que pasar. el destino nos hará volver
juntos. durante un segundo me pregunto si de verdad
eres así de ingenuo. si realmente crees que el destino
funciona así. como si viviera en el cielo y nos mirara
desde arriba. como si tuviera cinco dedos y pasara el
tiempo colocándonos como piezas de ajedrez. como si
no fueran las decisiones que tomamos las que. quién te
enseñó eso. dime. quién te convenció. te han dado un
corazón y una mente que no te corresponde usar. tus
acciones no definen quién serás. quiero chillar y gritar
somos nosotros idiota. somos los únicos que podemos
hacer que volvamos. pero en vez de eso me siento en
silencio. sonrío tímidamente a través de mis labios
temblorosos y pienso. es trágico. cuando puedes verlo
con tanta claridad pero la otra persona no lo hace.

otras maneras de usar la boca, p. 88

¿No es interesante que dos personas puedan percibir una misma situación de maneras completamente diferentes?

Para este ejercicio, reflexiona sobre una situación que se haya dado en una relación que hayas tenido con una pareja, un familiar, una amistad, alguien con quien trabajas; una situación que esa persona y tú vieran de dos maneras distintas. ¿Cuáles eran las diferencias en la percepción y cómo te hicieron sentir?

Te dejo un verso inicial para comenzar:

Estábamos mirando

EJERCICIO 6 | FALSEDAD

eras lo más precioso que había sentido hasta ahora. y
estaba convencida de que serías lo más precioso que iba
a sentir siempre. sabes cómo limita eso. pensar que a
una edad tan temprana ya he conocido a la persona más
estimulante de mi vida. cómo voy a pasar el resto de mi
vida conformándome. pensar que he probado la miel
más pura y que todo lo demás será refinado y sintético.
que nada después de esto sumará. que ni juntando todos
los años que me esperan podrán ser más dulces que tú.

– *falsedad*

otras maneras de usar la boca, p. 112

Qué trágico es pensar que a los veinte años sentí el amor más poderoso
que he sentido en mi vida y creía que nadie me querría de esa manera.

¿Estaba desesperada por querer a esa persona? ¿Era insegura? ¿No tenía
autoestima? Puede que me aferre a las relaciones tóxicas porque no haya
conocido otra cosa. Cuando creces en entornos de mucho estrés, sentirse
estresada suele ser lo habitual. Quien haya crecido en un entorno sano puede
reconocer comportamientos tóxicos en una relación como una señal de alerta
e irse. Pero para alguien cuyo estado habitual es la ansiedad, una relación tóxica
parece algo normal, así que solo hace falta que un imbécil te haga un poco de
caso para que, de repente, creas que has encontrado al «amor de tu vida».

Escribí ese poema para intentar convencerme a mí misma de que, a pesar
de que cada célula de mi cuerpo suspirara por él, no era bueno para mí.
No importa que lo creyera o no, me dije a mí misma que *encontraría* el amor de
nuevo, y que *ese* amor sería mucho más feliz y sano.

Escribí este poema cuando tenía veinte años y lo publiqué en *otras maneras de usar la boca*. Cuando, al cumplir veinticuatro, publiqué *el sol y sus flores* y leí este poema, sentí que estaba leyendo la experiencia de otra persona. Mi versión de veinticuatro años no reconocía a mi versión de los veinte que pensaba que ya había conocido a la persona más increíble de su vida. Crecí mucho en esos cuatro años. Eso no significa que la chica de veinte años estuviera confundida: es simplemente una percepción distinta con una edad diferente. Es increíble cómo el tiempo puede cambiar la manera en que percibimos las situaciones. Si me pidieran ahora que escribiera una versión nueva de ese poema, seguramente sería algo así:

> no serás lo más precioso que sienta en mi vida
>
> hay décadas de grandeza por delante de mí
>
> no voy a disminuir mi brillo para darte importancia
>
> mi vida acaba de comenzar
>
> me muero de ganas de salir ahí
>
> y comerme el mundo

> – *mentira 2.0*

¿Ves la diferencia en la perspectiva? Me encanta volver a poemas antiguos para comprobar todo lo que he crecido.

Para este ejercicio vas a escribir un poema en prosa que tenga dos párrafos.

En el primero, vuelve a un momento de tu vida en el que perdiste algo y sentiste que nunca volverías a experimentar nada tan inmenso. Escribe algo sobre una mentira de la que te hayan convencido y el porqué.

En el segundo, escribe desde la perspectiva actual por qué esa mentira era incorrecta. ¿Cómo ves la situación ahora? ¿Cuánto has crecido?

Te dejo un espacio con una frase inicial para que comiences cada párrafo.

Programa un temporizador de 15 minutos y comienza.

Me convencieron de que

Ahora me doy cuenta de que

EJERCICIO 7 | LO QUE NO SABÍA

lo que más echo de menos es cómo me querías. pero
lo que no sabía era que tu manera de quererme tenía
tanto que ver con la persona que yo era. era un reflejo de
todo lo que te di. volviendo a mí. cómo no lo vi. cómo.
me quedé sentada asimilando la idea de que nadie me
querría nunca igual. cuando fui yo la que te enseñé.
cuando fui yo la que te mostré cómo completarme. de
la manera que necesitaba. qué cruel por mi parte. darte
el mérito de mi cariño solo porque tú lo sentiste. pensar
que fuiste tú el que me daba fuerza. humor. belleza. solo
porque los reconociste. como si yo no fuera todas esas
cosas antes de conocerte. como si no siguiera aquí una
vez te fuiste.

otras maneras de usar la boca, p. 142

¡¡¡¡Sí!!!! Esta es la versión intensa de mí misma que recoge a la versión deprimida y le dice: «¡Ándale, vamos a pelear con tooooodos los que se pongan por delante!». Me encanta esa versión de mí misma. Me deja llorar, quejarme, sentir lástima de mí y, después, me saca de la tristeza.

Yo lo llamo mi poema de redención. La mitad del poema habla sobre tooodas las cosas que pensé que había perdido, y en la segunda parte me doy cuenta de que no había perdido un carajo.

Para este ejercicio vas a escribir tu propio poema de redención. Como el mío, el tuyo tendrá dos partes.

PAUTAS

» Piensa en algo que sientas que hayas perdido después de que alguien se fuera de tu vida. Ese será el tema principal de tu obra.

» Comienza tu poema escribiendo sobre lo que pensaste que perdías. ¿Por qué y de qué manera empezaste a pensar que lo habías perdido?

» Antes de comenzar la segunda parte del poema, piensa lo que le dirías a alguien a quien quieres mucho si se sintiera así. Probablemente, insistirías hasta que se diera cuenta de lo increíble que es. ¿Qué le dirías para que se sintiera mejor? Ahora respóndete a ti de la misma manera.

🕐 **Programa un temporizador de 15 minutos y comienza a escribir:**

EJERCICIO 8 | ¿QUÉ PREFERIRÍAS?

¿Preferirías que rompieran contigo o hacerlo tú?

EJERCICIO 9	¿QUÉ SOY?

Dedica un momento a analizar el siguiente dibujo:

Ahora, escribe lo que te sugiere el dibujo. ¿Qué es lo primero en lo que pensaste al verlo? ¿Hay una historia detrás del dibujo? ¿Qué intenta comunicar?

🕐 **Programa un temporizador de 10 minutos y comienza:**

EJERCICIO 10	NO SEAS LA VÍCTIMA DE TU PROPIA HISTORIA

🕐 **Programa un temporizador de 15 minutos, lee la siguiente pregunta y comienza a escribir:**

¿De qué modo podrías asumir más responsabilidad sobre tu vida?

| EJERCICIO 11 | EL PERDÓN |

⏱ **Programa un temporizador de 10 minutos, lee la siguiente pregunta y comienza a escribir:**

¿A quién necesitas perdonar? ¿Hay un motivo por el cual no lo hayas hecho aún?

EJERCICIO 12 | GRANDES LECCIONES

Por mucho que duela, y por mucho que desee no volver a experimentarlo *nunca*, el dolor del alma nos enseña grandes lecciones. En tu opinión, ¿cuáles son las grandes lecciones que has aprendido del dolor del alma? Completa este ejercicio en párrafos, estrofas o con un poema-lista.

🕐 **Programa un temporizador de 10 minutos y comienza a escribir:**

| EJERCICIO 13 | RESPONSABILIDAD |

⏱ **Programa un temporizador de 15 minutos, lee la siguiente pregunta y comienza a escribir:**

¿Cómo has hecho daño a otras personas?

EJERCICIO 14	SAL CONTIGO

debes tener una relación

contigo misma

antes que con cualquiera

otras maneras de usar la boca, p. 154

🕐 **Programa un temporizador de 20 minutos y responde las siguientes preguntas:**

1) ¿Cómo sería para ti una relación sana?

2) Tengo una amiga que siempre quiso que un novio le regalara un anillo de diamantes. Después de que su última pareja la engañara, se dio cuenta de que esperar que un hombre te compre un anillo no tiene sentido. Podía permitirse uno ella misma, así que se compró un diamante.

Tengo otra amiga que está felizmente soltera y acaba de celebrar su cumpleaños cuarenta. Lo que más quería en el mundo era tener un bebé. Sin embargo, no se veía empezando una relación seria a corto plazo, así que decidió que ser madre no debería depender de encontrar una pareja. Los dos no tenían por qué ser mutuamente exclusivos. Ahora es madre de un niño precioso.

Algunas de mis otras amigas se compraron su primera casa. Otras se autorregalan flores y se llevan a sí mismas a cenar una vez a la semana.

¿Qué cosas has querido siempre que tu pareja hiciera por ti y puedes hacer por tu cuenta?

EJERCICIO 15	TUS PEORES MOMENTOS

🕐 **Responde la siguiente pregunta con total sinceridad. Programa un temporizador de 15 minutos y comienza a escribir:**

¿Alguna vez has dado falsas esperanzas a alguien con quien estabas porque era amable contigo y cumplía todos tus requisitos?

| EJERCICIO 16 | EL PUENTE |

A lo largo de este capítulo hemos estado analizando las rupturas románticas. Para este ejercicio vamos a remover un poco las aguas.

Cierra los ojos y respira profundamente varias veces. Algunos días necesito hacerlo durante cinco minutos para sentir mayor seguridad. Otros, necesito respirar durante veinte minutos. Una vez que alcances esa seguridad, abre los ojos, ve a la siguiente página y comienza.

1) Dibuja lo que se siente al «romperte»:

2) Dibuja lo que se siente al «curarte»:

3) Escribe las diferencias y los parecidos entre los dos dibujos.

> » Diferencias entre los dos dibujos:

> » Parecidos entre los dos dibujos:

> » Otras observaciones:

4) En la parte ilustrada de este ejercicio has analizado el concepto de romperse y de curarse. Ahora, para la parte escrita vas a analizar lo que sucede en ambas: el viaje de pasar de haberte «roto» a haberte «curado». ¿Cómo es ese viaje? Inspírate en instantes que recuerdes para animarte en los momentos más duros y pasa la página.

Consulta los dibujos y las notas de la parte 1 a la 3 para ayudarte a escribir. Te daré algunas frases para empezar.

⏱ Programa un temporizador de 15 minutos y comienza a escribir:

Lo que sucede en medio es extraño.
Es un despertar entre cómo lo veía
y cómo lo veré.

EJERCICIO 17 | HE ESTADO BUSCÁNDOTE

Elige a alguien de tu pasado o tu presente, alguien que hayas deseado conocer, o alguien que esté vivo o que haya muerto.

Para este ejercicio tienes que escribir una carta a esta persona usando las diez palabras que te dejo en una lista en la página siguiente.

PAUTAS

» Ten el temporizador preparado. Una vez que leas la frase inicial, pon en marcha el temporizador y comienza a escribir.

» Cuando el temporizador llegue a los **2 minutos**, consulta la primera palabra de la lista de la página siguiente e incorpórala a tu escrito en ese momento. Después de hacerlo, continúa escribiendo.

» Cuando el temporizador llegue a los **4 minutos**, consulta la segunda palabra de la lista de la página siguiente e incorpórala a tu escrito. Después de hacerlo, continúa escribiendo.

» Cuando el temporizador llegue a los **6 minutos**, incorpora la tercera palabra. Cuando el temporizador llegue a los **8 minutos**, incorpora la cuarta palabra, y así sucesivamente hasta que incorpores las diez palabras y termines el escrito a tu gusto.

Este ejercicio debería llevarte **22 minutos**. En esencia, vas a utilizar los dos primeros minutos para comenzar la carta con la frase que te he dado y otros 2 minutos para cada una de las diez palabras.

🕐 **Programa un temporizador de 22 minutos, respira profundamente y comienza a escribir:**

Lista de palabras

1. Silla (inclúyela después de 2 minutos)
2. Flor (inclúyela después de 4 minutos)
3. Sal (inclúyela después de 6 minutos)
4. Reloj (inclúyela después de 8 minutos)
5. Correr (inclúyela después de 10 minutos)
6. Tráfico (inclúyela después de 12 minutos)
7. Amarillo (inclúyela después de 14 minutos)
8. Algodón (inclúyela después de 16 minutos)
9. Uñas (inclúyela después de 18 minutos)
10. Tornado (inclúyela después de 20 minutos)

Queride _____ :

Ha pasado mucho tiempo. He estado buscándote.

EJERCICIO 18 | POEMA CIRCULAR

Un poema circular es un poema que comienza y termina igual o con una ligera variación de las mismas palabras, versos o frases. Aquí te dejo un poema circular que escribí:

> *rompí* con la persona que quiero
>
> abandoné a mis amigues
>
> me mudé de ciudad
>
> pero aun así me levanté
>
> en la oscuridad
>
> resulta que puedes huir de tu vida
>
> pero la tristeza es como una sombra
>
> te sigue a todas partes
>
> el día siguiente cuando
>
> me levanté
>
> volví a mi ciudad
>
> lo arreglé con mis amigues
>
> y besé a la persona que quiero

Fíjate en que la manera en la que terminé el poema (versos 10-13) se parece a la manera en la que lo empecé (versos 1-4). Esa vuelta atrás lo convierte en un poema circular.

Los versos 1-4 dicen:

> rompí con la persona que quiero
>
> abandoné a mis amigues
>
> me mudé de ciudad
>
> pero aun así me levanté

Los versos 10-13 dicen:

> me levanté
>
> volví a mi ciudad
>
> lo arreglé con mis amigues
>
> y besé a la persona que quiero

El comienzo y el final de tu poema circular no tienen por qué ser *exactamente* iguales. Basta con que se parezcan lo suficiente como para que la repetición sea reconocible.

Disfruto de la escritura y la lectura de los poemas circulares porque tienen un buen ritmo. Me encanta cuando se cierra el círculo. Para este ejercicio, escribirás tu propio poema circular.

1) Para empezar, escribe una costumbre que te gustaría no tener:

Tu poema empezará con las palabras:

Me gustaría dejar de _____

(la costumbre que desearías no tener)

Como estás escribiendo un poema circular, los últimos versos deben parecerse a los primeros. Recuerda cerrar el círculo. Te dejo unos versos para que te ayuden a empezar.

Para este ejercicio, escribe solo sobre las líneas que hay aquí marcadas:

🕐 **Programa un temporizador de 15 minutos y comienza a escribir:**

Me gustaría dejar de _____

Es muy _____

_____

_____

_____

_____

_____

_____

Es muy _____

Me gustaría dejar de _____

2) Vamos a intentarlo otra vez:

Piensa en alguien de quien te hayas enamorado o con quien hayas tenido una cita en el pasado. Si no se te ocurre nadie, usa tu imaginación. Después, rellena los espacios en blanco escribiendo sobre tu experiencia.

🕐 **Programa un temporizador de 10 minutos y comienza a escribir:**

Puedes creer que tú y yo _____

Eso era _____

_____

_____

_____

_____

_____

_____

Eso era _____

Puedes creer que tú y yo _____

3) Ahora escribe un poema circular sobre el tema que quieras sin versos de inicio.

🕐 **Programa un temporizador de 15 minutos y comienza a escribir:**

EJERCICIO 19 | CUMPLIENDO MIS PROPIOS SUEÑOS

Crecimos sufriendo un bombardeo de imágenes poco realistas del amor. Ahora pasamos más tiempo intentando encontrar «el amor» de lo que lo invertimos construyendo un vínculo con nuestro interior.

Por suerte, hemos aprendido que nadie puede completarnos; solo en ti se encuentra el poder de hacerlo. Las respuestas que buscamos están en nuestro interior.

Para este ejercicio, describe la forma en la que puedes dirigir tu energía a desarrollar un vínculo más fuerte contigo. ¿De qué modo puedes sentirte a gusto en tu cuerpo? ¿Qué esperas obtener de una pareja pero que en realidad podrías conseguir por tu cuenta?

🕐 **Programa un temporizador de 15 minutos y comienza a escribir:**

EJERCICIO 20 | LUCHA

Para este ejercicio, vas a escribir un poema recitado, de cinco párrafos/estrofas, sobre aquello contra lo que estés luchando ahora mismo.

PAUTAS

» Programa un temporizador y comienza a escribir el primer párrafo/estrofa usando las palabras **«Nos enfrentamos»**. Deja pistas, pero no reveles la lucha a la que te refieres. Puedes escribir sobre el lugar y el momento en los que te enfrentaste a ello, y dónde comenzó su relación. Emplea **4 minutos** para situar la escena.

» Cuando el temporizador alcance los 4 minutos, pasa al segundo párrafo/estrofa con las palabras **«Y aquí estás»**. Mantén la discreción y no reveles *exactamente* cuál es tu lucha. En vez de ello, descríbela con detalle. ¿A qué se parece? ¿Tiene un cuerpo físico? ¿Huele a algo? ¿Qué sientes? ¿Tiene un apodo? ¿Qué la hace fuerte o débil? Los detalles de la segunda parte deberían conseguir que quien te lea sienta el peso de tu lucha. Emplea **4 minutos** para escribir esta parte.

» Cuando el temporizador alcance los 8 minutos, comienza el tercer párrafo/estrofa revelando cuál es tu lucha. Di cuál es, y después escribe lo que dirías si pudieras tener una conversación con ella. ¿Qué sientes al decirle esas cosas? Emplea **4 minutos** para escribir esta parte.

» Cuando el temporizador alcance los 12 minutos, pasa al cuarto párrafo/estrofa. Imagínate superando esta lucha y escribiendo lo que sientes al haber ganado. Emplea **4 minutos** para escribir esta parte.

» Cuando el temporizador alcance los 16 minutos, pasa al quinto párrafo/estrofa. Para terminar el ejercicio, escribe lo que puedes hacer ahora que la lucha no te retiene. ¿Qué te espera en adelante? Emplea **4 minutos** para escribir esta parte.

» Termina tu escrito cuando el temporizador alcance los **20 minutos**.

⏱ **Programa un temporizador de 20 minutos y comienza a escribir:**

EJERCICIO 21 | RONDA DE APLAUSOS

Completa con anotaciones:

Escribe una lista de motivos por los cuales eres une amigue o pareja ideal.

»

»

»

»

»

»

»

»

»

»

»

»

»

»

»

»

»

»

»

»

»

»

agradezco al universo
por coger
todo lo que ha cogido
y darme
todo lo que me ha dado

— *equilibrio*

otras maneras de usar la boca, p. 163

capítulo cuatro

la sanación

Sanar es levantarse todas las mañanas y dedicarte a ti. Es una práctica que no tiene ni límite ni final. Nunca se termina. Seguirá siendo un trabajo en curso mientras estés en este mundo. Sanar es pedir ayuda todas las veces que lo necesites. Tener el valor de cuidarte. Sanar nunca es lineal. Sanar son crisis nerviosas. Es la compasión. Saber que incluso en los mejores momentos habrá caídas en forma de espiral. Sanar es ponerlo todo encima de la mesa y decir *seguramente no sepa lo que estoy haciendo, pero voy a intentarlo de todos modos*. Sanar es comenzar donde estás. Es caerte en el proceso y levantarte sabiendo que no has perdido nada. Nadie sobrevive a la vida sin cicatrices. Todo el mundo intenta hacer lo mejor con lo que tiene. Vivir significa ser imperfecto. Así que no sufras. Sé amable contigo y con el resto.

EJERCICIO 1	**UNA LISTA DE COSAS PARA MEJORAR TU ESTADO DE ÁNIMO**

Te dejo aquí un poema-lista de mi tercer libro, *todo lo que necesito existe ya en mí*. Trata sobre las distintas cosas que hago para sentirme mejor cuando tengo un mal día. Tengo este poema pegado en el espejo de mi baño para recordarme que soy más poderosa de lo que a veces creo.

lista de cosas para mejorar tu estado de ánimo:

1) llóralo. camínalo. escríbelo. grítalo.

    sácalo bailando de tu cuerpo.

2) si después de todo eso

    todavía estás en una

    espiral sin control

    pregúntate si hundirte en el lodo vale la pena

3) la respuesta es no

4) la respuesta es respira

5) tómate un té y siente cómo tu sistema nervioso se calma

6) eres la heroína de tu vida

7) este sentimiento no tiene poder sobre ti

8) el universo te ha preparado para que puedas hacerte cargo

9) no importa lo oscuro que se ponga

    la luz siempre viene de camino

10) tú eres la luz

11) regresa al lugar en el que vive el amor

todo lo que necesito existe ya en mí, p. 39

Para el primer ejercicio de este capítulo, recrea este poema escribiendo tu propia «lista de cosas para mejorar mi estado de ánimo». La única norma es que no puedes usar nada de mi lista.

🕐 **Programa un temporizador de 10 minutos y comienza a escribir:**

lista de cosas para mejorar mi estado de ánimo:

1)

2)

3)

4)

5)

6)

7)

8)

9)

10)

11)

EJERCICIO 2	EN PRIVADO

Programa un temporizador de 15 minutos y responde la siguiente pregunta:

¿Quién eres cuando nadie está mirando?

EJERCICIO 3 | COMPASIÓN

La compasión es nuestra capacidad de reconocer el sufrimiento en otra gente y sentir el deseo de ayudarla. La mayoría podemos sentir compasión hacia el resto. Somos agradables, amables y pacientes con esas personas porque sabemos que eso es lo que necesitan.

¿Por qué podemos sentir compasión con otra gente y no cuando se trata de nosotros? Cuando sufrimos, llegamos rápidamente a la conclusión de que eso nos hace débiles. En vez de ser amables, nuestra respuesta natural suele ser cruel e impaciente.

En este ejercicio, vas a analizar tu relación con la autocompasión.

1) ¿Con qué frecuencia muestras compasión contigo? Encierra la respuesta.

1.	2.	3.	4.	5.
Nunca.	Rara vez.	A veces.	A menudo.	Siempre.

2) ¿Por qué te resulta tan difícil/fácil tener compasión por ti?

3) Imagina que muestras mucha compasión por ti y que te tratas como si fueras tu mejor amigue. Eres amable, benevolente y no te culpas por las circunstancias que escapan a tu control.

¿A qué te suena este diálogo compasivo?

EJERCICIO 4	CREE MÁS EN TI

⏱ **Programa un temporizador de 20 minutos y responde las siguientes preguntas:**

¿Qué tan valiente eres?

¿De qué maneras eres inteligente?

¿Cuánto poder tienes?

EJERCICIO 5 | VERTE

hoy me vi por primera vez

al limpiar el polvo

del espejo de mi mente

y la mujer que me devolvió la mirada

me dejó sin aliento

quién era esa criatura bestial y hermosa

esa terrícola extracelestial

toqué mi cara y mi reflejo

toqué a la mujer de mis sueños

su preciosa sonrisa de vuelta

mis rodillas se rindieron a la tierra

mientras lloraba y me lamentaba por cómo

había pasado toda mi vida

siendo yo misma

sin verme

pase decadas viviendo dentro de mi cuerpo

no lo abandoné ni una vez

y aun así conseguí perderme todos sus milagros

no es gracioso cómo puedes

ocupar un espacio sin

estar en contacto con él

cómo me ha llevado tanto tiempo

abrir los ojos de mis ojos

abrazar el corazón de mi corazón

besar las plantas de mis pies hinchados

y oírlos susurrar

> *gracias*
>
> *gracias*
>
> *gracias*
>
> *por darte cuenta*
>
> *todo lo que necesito existe ya en mí*, p. 156

Cuando las inseguridades salen de nuestro cuerpo y empezamos a vernos, la sensación es de gloria y trascendencia. Imagina que estás ahora mismo en un estado de trascendencia, con acceso a un poder infinito y al amor propio. ¿Qué sientes al notar que todas esas inseguridades se deslizan por tus hombros, se caen al suelo y no vuelves a verlas nunca?

He escogido versos del poema anterior como frases iniciales para este ejercicio.

⏱ Programa un temporizador de 10 minutos y comienza a escribir en la página siguiente:

hoy me vi por primera vez _____

_____

_____

_____

_____

_____

_____

_____

mientras lloraba y me lamentaba por cómo _____

_____

_____

_____

_____

_____

_____

es gracioso cómo _____

_____

_____

_____

_____

_____

_____

EJERCICIO 6	HABITACIÓN

Estás frente a una puerta cerrada. Giras la perilla y entras en una habitación prácticamente vacía con la excepción de dos sillas situadas en el centro, una frente a otra. Una de las sillas está ocupada. Te sientas en la que está libre y delante de ti está sentada tu yo de quince años. Te acercas y le das la mano.

Encontrarás una lista de catorce preguntas en la página siguiente. En el espacio a continuación, respóndelas en orden con una única frase (no pasa nada si al final escribes una o dos más, pero intenta ser concisa). Emplea 1 minuto aproximadamente para responder cada pregunta.

No las leas todas antes de empezar. En orden secuencial, lee una pregunta, escribe tu respuesta, después pasa a la siguiente pregunta y haz lo mismo.

Si quieres, usa un temporizador para hacer un seguimiento del tiempo que tardas en responder cada una.

🕐 **Programa un temporizador de 14 minutos y comienza a escribir:**

1) ¿Qué es lo primero de lo que te diste cuenta cuando te sentaste y miraste a los ojos a tu yo de quince años?

2) ¿Qué lleva puesto?

3) Describe el ambiente de la habitación, literal o figuradamente (por ejemplo: ¿es oscura, luminosa, hay azulejos, el suelo es de madera, tiene una buena iluminación, da miedo, es cálida?).

4) ¿Fuiste tú quien propuso esta reunión o fue la otra persona?

5) Tu versión de los quince años es la primera en romper el silencio. Te hace una pregunta. ¿Qué quiere saber?

6) ¿Cómo respondes?

7) ¿Sobre qué más hablan?

8) ¿Cómo te hace sentir la conversación?

9) ¿Cambia algo en ti esta conversación?

10) Es el momento de que te marches. ¿Cuáles son las últimas palabras que le dices a tu yo de quince años?

11) Te levantas, le das a tu yo de quince años un abrazo y te susurra algo al oído. ¿Qué te dice?

12) Te toma la mano y pone algo en ella. Sin mirar lo que es, caminas hacia la puerta. ¿Qué es lo último en lo que piensas antes de salir?

13) Con la puerta cerrada detrás de ti, abres la mano y descubres lo que te dio. ¿Qué es?

14) ¿Cuál es tu próximo destino?

EJERCICIO 7	QUIÉRETE

⏱ **Programa un temporizador de 10 minutos y comienza a escribir:**

¿Por qué mereces alegría?

| EJERCICIO 8 | UNA PELÍCULA SOBRE MI VIDA |

Un director de renombre te propone hacer una película sobre tu vida. Aceptas su oferta.

1) En un párrafo, describe el argumento principal de la película:

Al director le encanta el argumento y la película entra en producción. Unos meses más adelante, estás sentada en la primera fila la noche del estreno. El cine está lleno. Las luces se apagan y la película comienza.

2) En la primera escena sales tú de pie en un pasillo. Teniendo en cuenta el argumento, ¿dónde estás y por qué?

3) Describe las emociones que siente tu personaje en la primera escena:

4) ¿Tu personaje se enfrenta a problemas o desafíos?

5) ¿Cuál es tu escena favorita de la película?

6) Describe la escena final:

EJERCICIO 9	LA HOJA

Cuando tengo un mal día, intento salir a la naturaleza. Caminar, ir de excursión u organizar un pícnic siempre me pone de buen humor. Imagino lo placentero que debe de ser ser un árbol, una hoja o la corriente del agua. Sentirme cerca de la naturaleza levanta mi ánimo. Me recuerda lo milagrosa que puede ser la Tierra y la fortuna que tenemos por el simple hecho de existir.

Para este ejercicio, imagina que eres la hoja de un árbol y lo que se siente.

Responde las preguntas en orden desde la primera hasta la quinta.

No las leas todas a la vez. Empieza con la primera, respóndela, después lee la segunda, respóndela, después la tercera, y ve avanzando así.

No pienses demasiado las respuestas: escribe el primer pensamiento que te venga a la cabeza. Intenta que las respuestas no tengan más de dos o tres frases.

Antes de empezar, dedica 1 minuto a cerrar los ojos y a sentirte como una hoja. Usa todos tus sentidos. Una vez que hayas entrado en ese estado, comienza.

1) ¿Cómo sientes tu piel?
2) ¿A qué tipo de árbol perteneces (por ejemplo, describe su aspecto o tu localización)?
3) ¿Estás a solas o hay mucha actividad a tu alrededor?
4) ¿Te gusta tu árbol? ¿Por qué?
5) ¿Cómo te sientes cuando la gente pasa caminando a tu lado y no te ve?
6) ¿Cómo te sientes cuando te ven?
7) En general, ¿qué piensas de los seres humanos?
8) ¿Cómo es la sensación del viento en tu espalda?
9) Cuando el viento te eleva por encima del árbol y te saca a bailar, ¿qué le dices?
10) ¿Te gusta perder el control?
11) Termina esta frase: *El viento me lleva a...*
12) ¿Cuál es tu nuevo destino y por qué te ha llevado el viento allí?
13) ¿Extrañas estar en tu árbol?
14) Si tuvieras un deseo, ¿cuál sería?
15) ¿Algunas palabras para terminar?

EJERCICIO 10 | LIBÉRATE

Perdonar a los demás es tu propia liberación. Y tú, amor mío, te mereces ser libre. Lleva mucho tiempo perdonar a quienes nos han hecho daño. Puede que aún no sea tu momento para perdonar a algunas de esas personas y eso está bien. Sin embargo, practicar el perdón en privado puede ayudarnos a imaginar un futuro en el que el perdón es posible.

En este ejercicio, vas a practicar el perdón para ver lo que se siente.

1) Perdono a _____ por

2) Perdono a _____ por

3) Perdono a _____ por

4) Perdono a _____ por

5) Perdono a _____ por

EJERCICIO 11	PROLONGACIÓN

Vuelve al ejercicio anterior y elige a una de las personas que has perdonado. Imagina que la perdonas de verdad. En un mundo ideal, ¿cómo querrías que fuera el lugar donde sucediera? ¿Qué te gustaría que te respondiera?

🕐 **Programa un temporizador de 15 minutos y comienza a escribir:**

EJERCICIO 12 | DAR VUELTA A LA PÁGINA

🕐 **Programa un temporizador de 10 minutos y responde la siguiente pregunta:**

¿Por qué es importante el perdón?

| EJERCICIO 13 | A LOS HOMBRES DE MI FAMILIA |

⏱ Programa un temporizador de 15 minutos, lee la siguiente frase y comienza a escribir:

Si pudiera sentarme con todos los hombres de mi linaje, les diría

EJERCICIO 14	LLEGAR A LA RAÍZ

para curarte

tienes que

llegar a la raíz

de la herida

y besarla todo el camino hasta arriba

el sol y sus flores, p. 235

1) Este poema pertenece a mi segundo libro, *el sol y sus flores*. La ilustración de abajo acompaña al poema. Para completar este ejercicio, te dejo cuatro etiquetas: **centro**, **pétalo**, **tallo** y **raíz**. Escribe la respuesta a cada pregunta debajo de su etiqueta correspondiente:

centro

¿Qué herida mental, física o emocional llevas contigo?

pétalo

En tu día a día, ¿cómo escondes esta herida al mundo?

tallo

¿Hasta dónde llega la herida?

raíz

En su inicio, ¿cómo crees que se formó la herida?

2) Este dibujo y el poema ilustran cómo:

» todos tenemos heridas.

» todos tratamos de esconder esas heridas al mundo.

» debemos salir de la raíz de nuestras heridas si queremos sanarlas.

A menudo, esas raíces se remontan a nuestra infancia.

Para la última parte de este ejercicio, quiero que escribas sobre la herida que has descubierto en la parte 1. Tu texto tendrá una longitud de cinco párrafos/estrofas (el formato que tú quieras). Cada uno de los cinco párrafos/estrofas debe ampliar las respuestas de la parte 1. Te dejo aquí lo que escribirás en cada una de las cinco partes:

PAUTAS

» *Parte 1: centro*
🕐 **Programa un temporizador de 3 minutos** y comienza presentando la herida mental, emocional o física que has descubierto bajo la etiqueta «centro» de la ilustración. Cuando llegues a los 3 minutos, deja de escribir y pasa a la siguiente parte.

» *Parte 2: pétalo*
Esta sección se llama «pétalo» porque el pétalo rodea el centro de la flor para proteger lo que hay dentro. 🕐 **Programa un temporizador de 5 minutos** y escribe sobre tus intentos de esconder esa herida al mundo. Cuando alcances los 5 minutos, deja de escribir y pasa a la siguiente parte.

» *Parte 3: tallo*
🕐 **Programa un temporizador de 3 minutos** y escribe sobre el tiempo que llevas con esa herida. ¿Hasta qué punto de tu vida llega la herida? Cuando alcances los 3 minutos, deja de escribir y pasa a la siguiente parte.

» *Parte 4: raíz*
🕐 **Programa un temporizador de 5 minutos** y determina el momento en el que se formó esta herida. ¿Cuál es la raíz original? Deja de escribir cuando llegues a los 5 minutos y pasa a la siguiente parte.

» *Parte 5:*
🕐 **Programa un temporizador de 5 minutos** y escribe sobre lo que sería necesario para sanar esta herida. ¿Cómo puedes empezar ese viaje? Deja de escribir cuando llegues a los 5 minutos.

EJERCICIO 15	PODER

⏱ **Programa un temporizador de 10 minutos y completa el siguiente pensamiento:**

Las mujeres de mi vida han hecho

EJERCICIO 16	MENTE, CUERPO Y YO

Hoy quiero dar las gracias a mi cuerpo por permitirme seguir adelante. Por estar aquí cuando yo no estaba.

Escribí este pasaje en mi diario cuando me di cuenta de la manera en que mi **mente**, mi **cuerpo** y **yo misma** (es decir, mi espíritu) existimos en el mismo lugar, pero a veces nos desconectamos.

Por ejemplo, cuando tengo ansiedad, mi **mente** me llena de miedos y dudas.

Es algo que me preocupa, y me dan tanto pánico las mentiras que mi **mente** inventa que empiezo a disociarme de mi **cuerpo** para disminuir el miedo.

Pero no importa el esfuerzo que haga para desconectar o para negarlo: mi **cuerpo** continúa respirando y luchando por mantenerme viva. Aunque mi **mente** y **yo** no aparezcamos, mi **cuerpo** sí lo hace por nosotros.

Antes de empezar este ejercicio, busca un lugar tranquilo, toma asiento y haz diez respiraciones profundas con los ojos cerrados.

Comienza por tus pies, revisa tu cuerpo. Siente cada parte: primero los tobillos, después las pantorrillas, las rodillas, los muslos y el abdomen. Después, continúa por el estómago, el corazón, el cuello, la cara y la coronilla.

Cuando llegues a la coronilla, toma conciencia de tu mente. Escucha lo que te dice.

Siente cómo te afectan los pensamientos.

Después de 5 minutos de meditación, lee las pautas del ejercicio y comienza a escribir.

PAUTAS

» Escribe una pieza de tres partes (usando párrafos/estrofas) sobre tu «**mente, cuerpo** y **yo**» (el «**yo**» se refiere a tu espíritu). El objetivo de este ejercicio es centrarte en lo que tu «**mente, cuerpo** y **yo**» intentan decirte.

» *Parte 1: Mente*
Es posible que no nos demos cuenta, pero pasamos mucho tiempo pensando en lo mismo una y otra vez. Estos pensamientos recurrentes dan forma a nuestra experiencia en el mundo. ¿Cuáles son tus pensamientos recurrentes?
🕐 **Programa un temporizador y completa esta parte en 4 minutos.**

» *Parte 2: Yo*
¿De qué manera te afectan estos pensamientos recurrentes? ¿Amplían o limitan tus experiencias en el mundo? ¿Están tu mente y tú en paz o hay un conflicto?
🕐 **Programa un temporizador y completa esta parte en 4 minutos.**

» *Parte 3: Cuerpo*
Cuando tu mente se deja llevar y notas que te afectan esos pensamientos, ¿qué es lo que siente tu cuerpo? 🕐 **Programa un temporizador y completa esta parte en 4 minutos.**

EJERCICIO 17 | JUGAR

Cuanto más crecemos, menos se nos antoja jugar. Dirigimos toda la energía a nuestras carreras profesionales y a otras responsabilidades que la consumen, por lo que divertirse puede ser algo difícil de conseguir.

He tenido muchas dificultades para divertirme porque estaba convencida de que no tenía tiempo para dedicar a cosas que no me ayudaran a lograr mis objetivos. Sentía esa urgencia de no parar, lo que no dejaba espacio para jugar. Me obsesionaba optimizar cada hora de mi vida y hacer únicamente cosas que fueran productivas. Todo esto me llevó poco a poco al agotamiento, hasta que aprendí que divertirse es igual de importante, si no más, que trabajar. De hecho, pasarla bien desempeña un papel relevante en nuestra productividad. Cuanto más equilibrio tengamos, mejor estaremos.

Programa un temporizador de 10 minutos y responde a continuación:

¿Cómo puedes empezar a divertirte más?

EJERCICIO 18 | LAS MUJERES DE MI LINAJE

🕐 **Programa un temporizador de 15 minutos y responde a continuación:**

Si pudieras preguntarle cualquier cosa a tu abuela, a tu bisabuela y a todas las mujeres que llegaron antes que tú, ¿qué les preguntarías y por qué?

EJERCICIO 19	GUAPA

quiero disculparme con todas esas mujeres

a las que he llamado guapas

antes de llamarlas inteligentes o valientes

siento que sonara como algo tan simple

como si aquello con lo que has nacido

fuera de lo que tienes que estar más orgullosa cuando tu

espíritu ha aplastado montañas

a partir de ahora diré cosas como

eres fuerte o *eres extraordinaria*

no porque no piense que eres guapa

sino porque creo que eres mucho más que eso

otras maneras de usar la boca, p. 183

Era el año 2013. Mucho antes de escribirlo, los versos de este poema se repetían en mi cabeza como una canción en bucle. Eso sucedió durante meses. En vez de escribir el poema, lo ignoré porque pensaba que era cursi.

Pero al poema le daba igual. Se repetía en mi cabeza una y otra vez hasta que me enojé tanto que lo escribí con la esperanza de sacarlo.

Brotó de mí sin darme cuenta en once versos. Una vez en el papel, me sentí aliviada. Después, cuando estaba a punto de dar vuelta a la página y empezar a trabajar en otra cosa, el poema me lo impidió. No sé por qué, pero me sobrevino una extraña sensación de confianza y me sentí obligada a compartir el poema en mis redes. Hice un par de correcciones, lo publiqué, y la reacción de quienes lo leyeron fue asombrosa.

No lo podía creer. El poema llevaba meses llamando a mi puerta y lo había ignorado. Ahora, la gente lo estaba leyendo y compartiendo sin control y, hoy en día, sigue siendo uno de mis poemas más conocidos.

Pienso en ello cuando voy a escribir porque es la prueba de que a veces nos interponemos en nuestro propio camino. A veces, no nos permitimos fluir porque nos resistimos y pensamos demasiado.

Nuestro instinto trata de guiarnos en direcciones maravillosas, pero pensamos que sabemos más. Puede que creamos que la gente se reirá de nuestros pensamientos más profundos. Puede que no queramos renunciar al control. Pero si perseguimos la autenticidad, tenemos que dejarnos ir y seguir nuestros instintos.

Lee de nuevo el poema de la página anterior y úsalo como una inspiración para escribir tu propia disculpa a las mujeres. Tu disculpa puede ser personal y específica para una mujer o una general para todas las mujeres. Para ayudarte, te he dejado algunos versos de mi poema.

1)

quiero disculparme con todas las mujeres _____

_____

_____

a partir de ahora _____

_____

_____

porque las mujeres son mucho más que eso

2) Las mujeres han sufrido opresión en todo el mundo durante miles de años sin que importara su clase, linaje, país o raza, por lo que un poema de disculpa no es suficiente. Hay mucha sanación por delante, y las disculpas son necesarias para que esto suceda, así que vamos a escribir algunas más.

quiero disculparme con todas las mujeres _____

_____

_____

_____

a partir de ahora _____

_____

_____

_____

porque las mujeres son mucho más que eso

_____

_____

3)

quiero disculparme con todas las mujeres _____

_____

_____

_____

a partir de ahora _____

_____

_____

_____

porque las mujeres son mucho más que eso

_____

_____

4) *quiero disculparme con todas las mujeres* _____

_____

_____

_____

a partir de ahora _____

_____

_____

porque las mujeres son mucho más que eso

EJERCICIO 20 | MEDITACIÓN

En los últimos años, la meditación se ha convertido en parte de mi proceso de escritura. Comienzo cada sesión de escritura sentada en el suelo haciendo ejercicios de respiración. Dependiendo de cómo me sienta, me estiro, hago yoga o me quedo sentada en silencio, tratando de ser consciente de los pensamientos que van y vienen.

Meditar es una experiencia increíble. Me hace sentir cómoda, y ese es un estado mental perfecto para empezar a escribir.

Para este ejercicio, he pensado que estaría bien analizar la gratitud. Probablemente ya hayas practicado algo parecido antes, pero nunca agradecemos lo suficiente. La gratitud se parece mucho a la gravedad: nos ayuda a permanecer con los pies en la tierra y a centrarnos.

1) Rellena los espacios en blanco con todas las cosas por las que te sientes agradecida:

Siento agradecimiento por

Siento agradecimiento por

Siento agradecimiento por

Siento agradecimiento por

Siento agradecimiento por

Siento agradecimiento por

Siento agradecimiento por

Siento agradecimiento por

Siento agradecimiento por

La práctica *tonglen* es un tipo de meditación budista. La palabra en sí misma significa «dar y tomar».

La mayoría meditamos para traer paz y calma a nuestras vidas. Existe un concepto de individualismo que unimos a la meditación que nos hace creer que solo podemos ayudar a los demás una vez que nos hemos ayudado primero. La práctica *tonglen* propone que una de las mejores maneras de encontrar la paz interior es practicar la amabilidad y la generosidad con el resto.

Para este ejercicio, vas a trabajar algunos de los elementos más sencillos de *tonglen* a través de la escritura.

2) Escoge a alguien que sientas cerca o de tu familia con quien tengas una relación muy estrecha:

Con los ojos cerrados, dedica unos minutos a pensar en esta persona. Medita sobre quién es y cómo le va. En tu cabeza, comienza enviándole tu amor. A través de la energía, dale lo que sea que necesite en este momento. Imagínate quitándole sus preocupaciones y su dolor. Libérala del peso que siente sobre sus hombros y visualízala como una persona ligera y libre.

Ahora vamos a poner esto en práctica a través de la escritura.

De nuevo, céntrate en la persona que has elegido y medita sobre quién es y cómo le va. Envíale tu amor. A través de la energía, dale lo que sea que necesite en este momento y escríbelo a continuación:

» Te envío

»

» Te envío

»

» Te envío

» Te envío

» Te envío

» Te envío

Imagínate quitándole sus preocupaciones y su dolor:

» Te quito

» Te quito

» Te quito

» Te quito

» Te quito

» Te quito

Mientras le quitas el peso de los hombros, envíale más amor. Obsérvala mientras se convierte en una persona ligera y libre, y comparte con ella palabras amables:

» Eres

» Eres

» Eres

» Eres

» Eres

» Eres

3) Ahora, piensa en una persona con quien tengas un conflicto o sentimientos encontrados. Puede que sea alguien de tu trabajo que consiguió el ascenso que tú querías o quien te molestó en una fiesta. Quizá la envidies, aunque solo se conozcan por redes sociales.

Céntrate en esta persona y medita sobre quién es y cómo le va. Envíale tu amor. A través de la energía, dale lo que sea que necesite en este momento y escríbelo a continuación:

» Te envío

» Te envío

» Te envío

» Te envío

» Te envío

» Te envío

Imagínate quitándole sus preocupaciones y su dolor:

» Te quito

» Te quito

» Te quito

» Te quito

» Te quito

» Te quito

Mientras le quitas el peso de los hombros, envíale más amor. Obsérvala mientras se convierte en una persona ligera y libre, y comparte con ella palabras amables:

» Eres

» Eres

» Eres

» Eres

» Eres

» Eres

4) Ahora, piensa en el mundo. Siente la Tierra y a su gente. Piensa sobre la naturaleza y los animales que habitan este planeta. A través de la energía, dale al mundo lo que necesita:

» Te envío

» Te envío

» Te envío

» Te envío

» Te envío

» Te envío

Imagínate quitándole al mundo sus preocupaciones y su dolor:

» Te quito

» Te quito

» Te quito

» Te quito

» Te quito

» Te quito

Mientras le quitas al mundo todo su sufrimiento, observa cómo se vuelve ligero y libre. Ahora, comparte con él más palabras amables:

» Eres

» Eres

» Eres

» Eres

» Eres

» Eres

| EJERCICIO 21 | REGISTRO DIARIO |

Como nos acercamos al final de este libro, he pensado que estaría bien dejarte con algo que puedas incluir en tus rituales de cada día. Es un ejercicio de registro diario que me gusta hacer cuando medito por la mañana. Me ayuda a marcar el tono del resto de la jornada y es especialmente útil los días en los que mi mente no para.

Si te gusta este ejercicio, intenta añadirlo a tu cuaderno personal o a tu práctica de meditación. Hacer rituales nos ayuda a sentirnos en casa.

Comienza el ejercicio sentándote en una posición cómoda en un lugar tranquilo. Si quieres, pon algo de música instrumental. Haz algunos estiramientos. Dedica 5 o 10 minutos a existir, a ser consciente de ti, a dar la bienvenida a la calma si viene, a escuchar la ansiedad si está ahí. Haz respiraciones profundas. En tu imperfección eres ya la perfección, así es como debes ser exactamente. Después, quiero que hables con tu cuerpo y veas lo que tiene que decirte. Una vez que hayas terminado, abre los ojos y responde lo siguiente:

1) Desde tus pies hasta la coronilla: ¿cuáles han sido tus sensaciones durante los 5-10 minutos de meditación?

2) Mientras revisabas tu cuerpo, ¿había alguna zona en particular que destacara? ¿A qué crees que se debe?

3) ¿Qué te gustaría que tu cuerpo supiera ahora mismo?

4) ¿Qué merece tu cuerpo?

5) Haz una lista de los quince motivos por los que debes sentir orgullo de ti:

6) ¿Hay algo más que quieras compartir con tu cuerpo?

7) Repite en voz alta:

      No hay nada de lo que deba preocuparme.

      Puedo dejar que mi cuerpo se relaje.

      Las cosas volverán a su sitio.

      El universo está de mi lado.

ha sido uno de los mejores y más complicados años de
mi vida. he aprendido que todo es temporal. momentos.
sentimientos. personas. flores. he aprendido que el amor
consiste en dar. todo. y dejar que duela. he aprendido
que la vulnerabilidad es siempre la elección correcta
porque es fácil ser frío en un mundo que hace que sea
muy difícil ser tierno. he aprendido que todas las cosas
vienen de dos en dos. vida y muerte. tristeza y alegría. sal
y azúcar. tú y yo. es el equilibrio del universo. ha sido un
año de sufrir mucho pero vivir bien. de hacerme amiga
de extraños. de hacer extraños a amigos. de aprender
que el helado de menta con chispas de chocolate lo
arregla todo. y para lo que no pueda arreglar siempre
estarán los brazos de mi madre. tenemos que aprender
a centrarnos en la energía cálida. siempre. empapar los
pulmones en ella y convertirnos en los mejores amantes
del mundo. porque si no podemos aprender a ser
amables entre nosotros cómo vamos a aprender
a ser amables con nuestras partes más desesperadas.

el sol y sus flores, p. 193

conclusión

CARTA DE AMOR A QUIEN ESCRIBE/LEE

La idea de este libro surgió al organizar talleres de escritura a través de transmisiones en vivo en Instagram durante la pandemia de COVID-19. Fue una época angustiosa e inestable, y sentía el anhelo de conectar con otras personas ya que, al fin y al cabo, somos lo único que tenemos.

Preparando estos talleres aprendí que muchas personas necesitábamos poder tomarnos diez minutos al día y escribir para nosotras mismas. Al organizar los talleres e invitar a quienes me leían a que compartieran su trabajo, quedé impresionada con su creatividad. No hubo ni una sola persona cuyas palabras no me dejaran sin aliento. Fue increíble ser testigo de lo que eran capaces de crear en un ejercicio de escritura de diez minutos.

A través de estas prácticas, espero que hayas aprendido algo sobre ti y te hayas dado cuenta del poder que tienes. Espero que el libro te haya dado espacio para reflexionar, procesar y crecer.

Nuestras voces son muy poderosas. Espero que sientas la fuerza de la tuya.

¿Y AHORA?

El viaje no ha terminado: acaba de empezar.

Ahora tienes un libro entero lleno de palabras que has escrito. Si quieres hacer más con esos textos, pásalos a un diario o a una computadora para poder editarlos y revisarlos. Puedes convertir lo que has escrito aquí en un poema, una obra, una canción o un cuento.

Si quieres que la escritura sea algo sostenible en el tiempo, repite estos ejercicios en un cuaderno aparte. Te maravillará ver cómo las mismas frases te llevan a cosas distintas en cada intento. Siéntete libre de cambiar los ejercicios como quieras o usarlos de inspiración para desarrollar los tuyos propios.

Sobre todo, recuerda que no me necesitas ni a mí ni a estos ejercicios para escribir. La creatividad ya está en ti de manera natural. Nada podrá cambiar eso nunca.

Te mando amor infinito.

Rupi

AGRADECIMIENTOS

Me gustaría dar las gracias especialmente a toda la gente increíble que ha hecho posible este libro.

Gracias, Rakhi Mutta, por inspirar la idea de este libro e ir hacia delante con ella. Eres la mejor amiga, guardiana, representante y socia que cualquiera querría.

Gracias, Rattanamol Singh, por tu compromiso con la excelencia. Tu genialidad nos permite a los demás fingir un poco de brillo de vez en cuando. Gracias por tu dedicación infinita a todo lo que creo y comparto.

Gracias a mi poderoso equipo por ayudarme a crecer con cada corrección. Mahsa Sajadi, Ashleigh Collins, Prabh Saini, Baljit Singh y Jessica Huang, gracias por analizar cada ejercicio y darme su opinión. No soy capaz de imaginar cómo sería este libro si no hubieran formado parte de él. Shannon Frost y Angella Fajardo: sus ojos de halcón vieron cosas que el resto no veíamos. Gracias por involucrarse en la edición, que a veces puede ser una parte tediosa y difícil en la escritura de un libro. Nunca mostraron signos de abatimiento. Me siento muy agradecida por hacer este trabajo con un equipo de mujeres jóvenes increíbles.

Gracias a mi editorial, Andrews McMeel Publishing, por conseguir que este libro cobrara vida con pasión y dedicación. Kirsty Melville, gracias por luchar siempre por mí. Defiendes mis palabras y mi visión como nadie. Patty Rice, gracias por ser la editora de este libro y de todos los demás. Julie Barnes, gracias por hacer realidad los diseños visuales de mis sueños. Ha sido muy divertido y todo un honor crear libros preciosos contigo. Qué gran equipo somos.